資本主義はどこへ向かうのか

内部化する市場と自由投資主義

西部 忠
Nishibe Makoto

1173
NHK BOOKS

NHK出版【刊】

Printed in Japan
［協力］猪能良子
［本文DTP］NOAH

資本主義はどこへ向かうのか——内部化する市場と自由投資主義【目次】

第一章●グローバリゼーションと市場の内包的深化

心の豊かさと物の豊かさ

二一世紀の十年が過ぎた今、わたしたちは実に多くの深刻な問題に直面し、暗く重い不安に覆われている。不況による企業の倒産や労働者のリストラ、それに伴う貧富の差の拡大、大量の失業者の発生、自殺者の増加、孤独死、幼児虐待、少子高齢化に伴う年金・介護の困難化、家族・学校・地域といったコミュニティの崩壊、政治家・官僚・検察・大企業のモラルや責任感の低下等々、枚挙に暇がない。これらの問題の多くは、主に経済領域に起源を持ちながらより深く広く浸食し、わたしたちの内面へと、つまり、価値や倫理の領域にまで及んでいる。

実際に、わたしたちの価値観の変質を物語る興味深いデータがある。

日本では、一九七二年以降三年ごとに内閣府（以前は総理府）が「国民生活選好度調査」を行い、現在の生活や今後の生活についての意識や家族や家庭についての意識を聞いてきた。図1－1は、この調査で得られた生活満足度に関するデータを、一人当たりの実質GDPと比較したものである。一九七二年以降生活満足度は上昇していったが、一九八四年で頭打ちになり、その後は低下していることがわかる。この間、一人当たりのGDPの方は、バブル崩壊後の長期不況の中、マイナス成

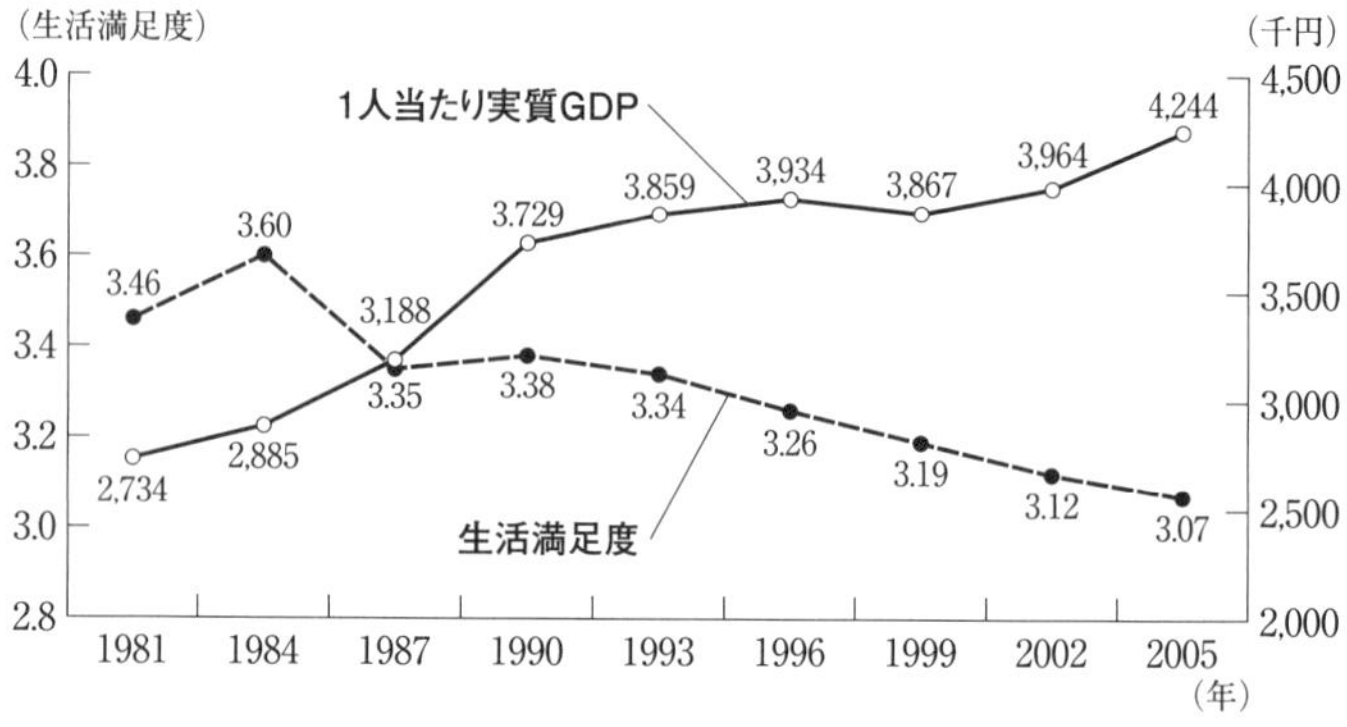

図1-1　生活満足度および一人当たりの実質GDPの推移

長になることもあったが、全体してはずっと右上がりである。

所得が低いところからある水準まで上昇していく限りでは、人々の生活満足度は上昇していくが、所得がそこを超えて上昇しても、幸福度はあまり上昇せず、最終的には一定になるか低下しさえするのである。これがいわゆる「幸福のパラドックス」と呼ばれるものである。いったい、なぜこのようなことが起きるのであろうか。

二〇一〇年の内閣府の「国民生活に関する世論調査」によれば、「心の豊かさ」を重視する人の割合は六〇・〇パーセントで、「物の豊かさ」を重視する人の割合である三一・一パーセントの倍近くに達している（図1－2）。

前者が後者をはじめて上回ったのは、一九七〇年代後半のことであるが、わたしたちは消費生活において、すでに「物の豊かさ」よりも「心の豊かさ」を求める方へと大きく傾いている。ここでいう「物の豊かさ」

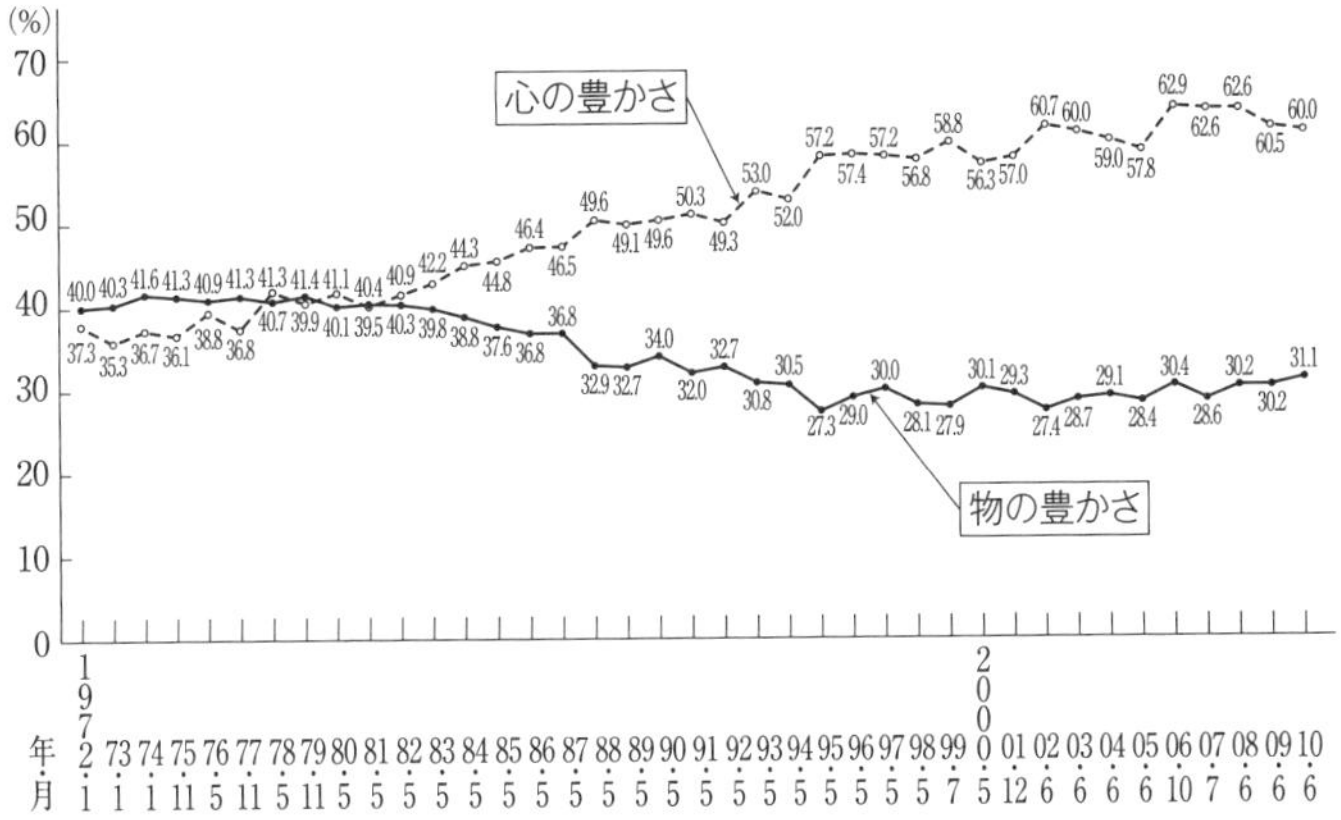

図1-2　これからは心の豊かさか、または物の豊かさか

とは、文字通り消費生活における物資やサービスの質量における大きさである。しかし、「心の豊かさ」とはいったい何を意味するのであろうか。

心理学者マズローの有名な欲求段階説によれば、人間の欲求は五段階のピラミッドを形成しており、それらが下の段階から上の段階へ上っていくように順番に満たされていく。

第一段階は生理的欲求（飲食欲、睡眠欲、性欲）、第二段階は安全欲求（危険回避、健康や安全、職業や所得の安定）、第三段階は所属欲求（親和、愛情、帰属、コミュニティ）、第四段階が尊重欲求（社会的認知、承認、地位、名声、尊敬、自尊、自信）である。最後の第五段階は自分の能力や創造性をできるだけ発揮し、自己の成長や達成をはかりたいとする自己実現欲求である。

このうち、生理的欲求と安全欲求は人間が生きるうえで不可欠な衣食住等の根源的欲求であり、その満足が「物の豊かさ」を表している。他方、所属、尊重、自己実現へと高次化する精神的諸欲求は「心の豊かさ」を表現しているが、これらが対他的・対自的関係の豊かさに相当することに注目しなければならない。だが、「心の豊かさ」によって、主に何が求められているだろうか。

コミュニティの衰退とグローバリゼーション

やや古いデータになるが、二〇〇二年一二月に、国民生活審議会総合企画部会が公表した「暮らし指数検討委員会報告書」というものがある。これは、経済企画庁が二〇〇〇年までに公表していた、ＰＬＩ（people's life indicators：新国民生活指標）をもとに、生活の豊かさを総合的に評価した「豊かさ総合指数」を作成したものである。このデータを参照して、一九八〇〜二〇〇一年までの人々が感じる「豊かさ」についてもう少し詳しくみてみよう。

このデータによれば、人々が感じる豊かさとは、ＧＤＰや所得などの貨幣的な指標では必ずしも表現されない。ＰＬＩでは、豊かさを多面的かつ総合的に評価するため、人々の基礎的活動だけでなく、より高度な生活活動にも着目し、それらを「住む」「費やす」「働く」「育てる」「癒す」「遊ぶ」「学ぶ」「交わる」という八つの「活動領域」に分類し、また各活動領域を重層的に捉えるために、「安全・安心」「公正」「自由」「快適」という四つの「生活評価軸」を設定している。

バブル崩壊後の一九九〇年代を一九八〇年代と比べてみると、「住む」「癒す」「学ぶ」は成長率を高めているが、「費やす」「遊ぶ」の伸びは鈍化した。このうち、「癒す」「学ぶ」「遊ぶ」は二〇〇一年までほぼ一貫して上昇しており、「住む」「費やす」は一九九九年に下降に転じている。他方、「育てる」は一九九〇年代前半、減速しながら成長を続け、九七、九八年と連続して低下した後、ほとんど伸びていない。「働く」は一九九二年まで上昇した後、横ばいになり、一九九八年に低下してから二〇〇一年まで低迷している。「交わる」は一九九二年以降一九九六年まで低下した後、二〇〇一年まで上昇を続けている（図1－3、1－4）。

一九九八～九九年以降の「働く」「費やす」「遊ぶ」の伸び悩みは、いずれも一九九七年以降の景気後退・不況を反映していると言えよう。一方、「育てる」の九六年以降の頭打ちは子供の成人病、長期欠席率、非行の増加など、「交わる」の九二年以降の下落は社会活動時間、社会奉仕活動行動者率、交際時間などの低下によるが、このうち前二者が九六年以降再び増加傾向に転じたため、「交わる」も増加に転じた。「育てる」「交わる」は、いずれも経済的というよりも社会的・文化的な原因である。

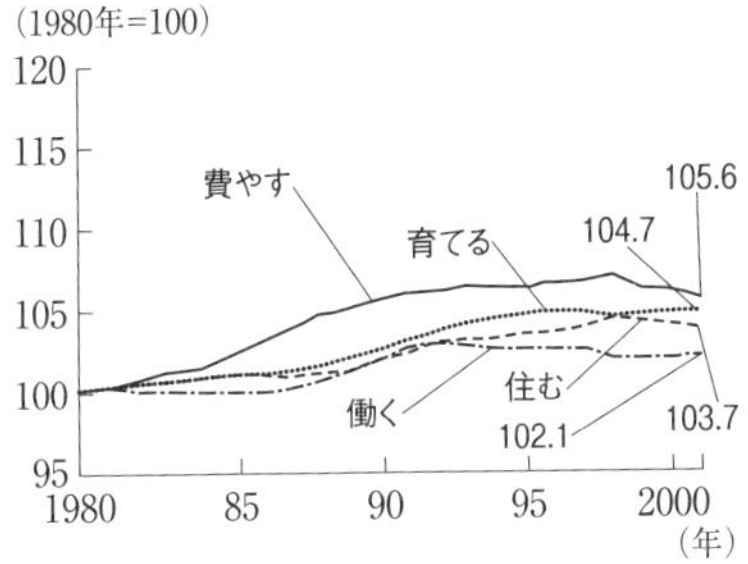

図1-3　活動領域別ＰＬＩ
（「住む」「費やす」「働く」「育てる」）

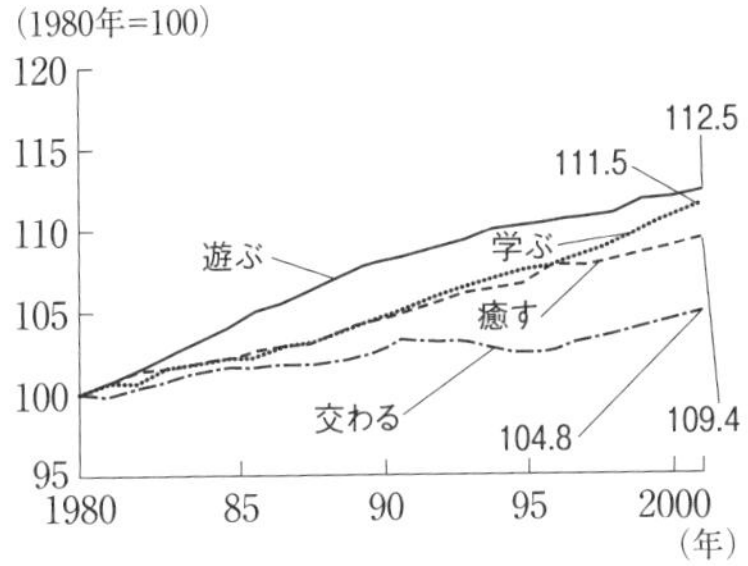

図1-4　活動領域別ＰＬＩ
（「癒す」「遊ぶ」「学ぶ」「交わる」）

同時期の四つの生活評価軸について見てみると（図1－5）、全期間で順調に伸びているのは個人的幸福にかかわる「快適」である。「自由」は、一九八〇年代後半から一九九〇年代前半まで急伸したものの、一九九七年以降微増に止まる。社会的規範に関わる「公正」は一九八〇年代を通じてずっと横ばいであったが、一九九〇年代に急上昇した。これは、男女格差の縮小、高齢者福祉関係指標の高い伸び、バブル崩壊後の土地資産格差の縮小などによるものと思われる。「公正」が一九九八年以降伸び悩んでいるのは、不況に伴う生活保護世帯割合や女性就業率の悪化が原因である。一方、「安全・安心」は一九九〇年代以降ずっと緩やかな下落傾向にある。これは、雇用関係、交通事故発生件数、刑法犯認知件数、長期欠席児童・生徒数などが悪化しているためである。

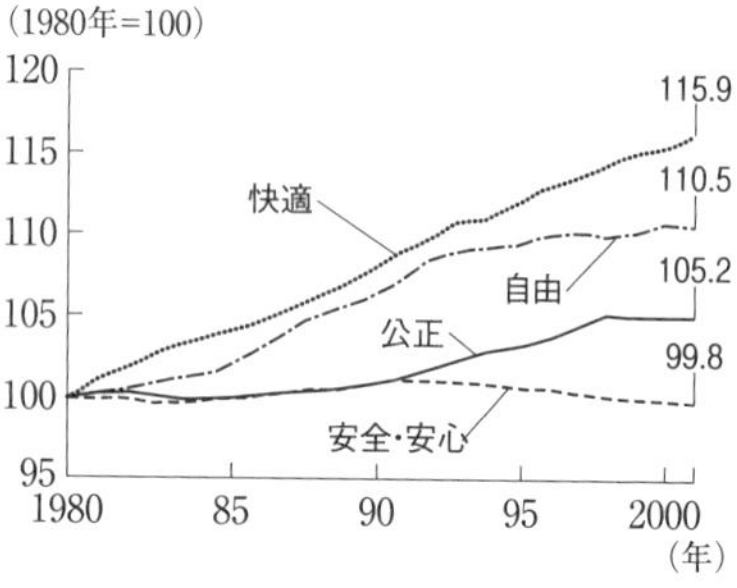

図1-5　生活評価別ＰＬＩ
(「安全・安心」「公正」「自由」「快適」)

　このように、一九九〇年代には「癒す」「学ぶ」「遊ぶ」といった、健康、精神、余暇に関わる個人的活動は上昇しているが、「費やす」「働く」といった、所得に関係がある消費や生産は低迷している。これは、バブルの崩壊で景気が低迷・悪化し、市場経済活動がもたらす「物の豊かさ」に代わって、余暇活動やボランティアなど非市場経済活動におけるケア、学習、教養で得られる「心の豊かさ」が重視されるようになったからであろう。

　しかし、「育てる」「交わる」といった、家族・学校・地域などのコミュニティに関わる活動や人々の交流が低迷・低下していること、また、そうしたコミュニティ内で与えられるはずの「安全・安心」が一貫して低下傾向にあることは、バブル崩壊後の長期不況という原因では直接説明することができない。経済状況が一時的に悪化したにせよ、人々が帰るべきコミュニティが健全であるなら、「育てる」「交わる」や「安全・安心」は低下しないはずだからだ。したがって、これは失業や不況といった景気循環的な要因によるのではなく、むしろグローバリゼーションがもたらした長期的趨勢的傾向であると見なければならないのではないか。

つまり、市場活動における競争激化や貨幣評価の一元化が進み、個人主義が拡大したため、コミュニティが衰退したのだと考えられる。コミュニティの価値とは、人々の安全、所属、尊重への欲求から生じるものであって、基本的には「心の豊かさ」を表現するものである。一九九〇年代に低下傾向にある「安全・安心」はその一部を表すが、所属、尊重を表していない。もし「信頼」「互助」「協同」などの評価軸を設定するならば、これらもコミュニティの衰退とともに一九九〇年代以降低下している可能性が高い。

「心の枯渇」という現象

「心の豊かさ」とは、他者やコミュニティとの関わりや自己の精神や内面に関する諸欲求に対応するものであったが、先に見たように、一九七〇年代以降、「心の豊かさ」を「物の豊かさ」よりも重視する人々の割合は一貫して増大し続けてきた。このような「心の豊かさ」に対する需要の増加にもかかわらず、その供給について見れば、「癒す」「学ぶ」「遊ぶ」といった個人の非市場的・精神的活動領域で増大しているものの、「育てる」「交わる」「安全・安心」といったコミュニティ的環境の下での対他的活動領域や生活評価軸では低下している。主としてこの後者の要因によって、人々の「心の豊かさ」に対する需給ギャップは拡大し続けていることになる。そして、それが先に述べたような自殺者の増加に象徴される「心の枯渇」とでも言うべき現象をもたらしているのではないか。

一九九〇年代に急激かつ持続的に進行したコミュニティの衰退という問題は、失業や不況といった景気循環的要因が助長しているとはいえ、主にグローバリゼーションという長期的趨勢によるものであると考えられる。規制緩和や民営化、行財政改革や銀行の自己資本比率（ＢＩＳ）規制が不況を深刻化させ、短期資本移動やヘッジファンドが通貨・金融危機を生みだし、超国籍企業の活動が自然環境を破壊する。コミュニティの危機や道徳の衰退は、自由化や市場化が帰結した経済的荒廃の原因ではなく、結果であることはいまや明らかである。

したがって、わたしたちはまず、グローバリゼーションという問題に目を向けなければならないだろう。

グローバリゼーションとは何か

二〇世紀は、貨幣の廃絶や管理をめざす試みが国民国家レベルで行われ、相次いで挫折した時代であった。ソ連・東欧社会主義の失敗は、国家が統制・計画経済によって貨幣を廃絶することはできないということを明らかにした。他方、ブレトン・ウッズ体制（金・ドル本位制）の崩壊と変動相場制への移行は、アメリカが支えてきた固定相場制とそれに基づく管理通貨制が崩壊したことを告げた。このことは、国家がケインズ政策によって国内総需要を自律的に管理することができなくなったことをも意味する。

つまり、二〇世紀を通時的に眺めてみれば、歴史の流れはひとたび経済の組織化・計画化へ向かったが、一九七〇年代前半に経済の自由化・市場化へと反転していったことがわかる。貨幣の廃絶や管理の試みが挫折したのは、まさにこの後半の流れの中においてであり、そしてその後、特に一九九〇年代に「グローバリゼーション」が急速に進展したと言われている。

グローバリゼーションを一言で定義することは困難であるが、二〇世紀の後半、特に一九七〇年代以降に起きた次のような一連の事態や傾向として現れていると考えられる。

第一が、「市場経済の普遍化」である。

ソ連や東欧の旧社会主義国がすべて市場経済に移行し、中国・ベトナムなどの現存社会主義国も市場経済を導入したことで、地球の全域が市場経済に覆われ、グローバル資本主義経済が形成されるに至る。あらゆる国民経済は市場経済の中で相互関係を強め、一国レベルで自足することができないオープンなシステムになり、すべての国民国家が財政・金融政策の自立性を失うことになった。

第二が、「市場の自由化・規制緩和」である。

国内においては、金融・通信・航空など様々な産業分野における規制緩和や保護撤廃や「小さな政府」をめざす行財政改革が実施された。他方、国際的には貿易自由化と資本自由化が推進される。一九九四年に設立された世界貿易機構（ＷＴＯ）を舞台に知的所有権、農業自由化、金融自由化、制裁措置など国際的取引のための共通ルールが形成される。一九九七年の通貨危機や二〇〇八年の金融危機直後には、ヘッジファンドへの批判や反グローバリゼーションの運動が世界的に高まり、市場の自由化への規制を求める声も出るが、自由化への勢いは依然として根強い。

第三が、「アメリカナイゼーション」である。しばしば指摘されるように、グローバリゼーションとは、実際にはドルと情報通信技術を機軸として展開するアメリカ型市場経済の拡大であって、貿易や投資の自由化のための国際的ルールづくりもアメリカの経済的世界戦略の一環であった。マイクロソフト社やアップル社などが「範囲の経済＝ネットワーク外部効果（利用者や利用頻度の増加によりの製品から得られる便益が増加すること）」を利用して、自社ＯＳやアプリケーションを世界のデファクト・スタンダード（事実上の標準）とすることに成功し、その独占的地位を享受していることはその象徴である。「範囲の経済」の下では、市場経済のグローバル化や自由化と独占は両立しうるのである。ドルもこれと同様の「範囲の経済」の効果によって、その独占的地位を確立していたと見ることができる。

第四が、「超国籍企業の台頭と国家の後退」である。超国籍企業による貿易や投資の拡大、タックス・ヘイヴンを利用する租税回避やマネー・ロンダリングの増加は、各国政府の主権と徴税能力を弱め、圏内での経済政策の効果を低下させた。確かに、「小さな政府」をめざすといわれた一九七〇年代以降の新自由主義の下でも、国家の財政規模は拡大傾向をたどった。しかし、税源が縮小するならば、国家はいずれ小さくならざるを得ない。また、貿易や投資を通じる経済的な相互依存関係は深まり、協調的政策の必要性から地域経済統合への動きも強まっている。

第五が、「交通や通信技術の発達」による地球の縮小が挙げられる。世界的航空網は人や物の国際間の移動を迅速かつ容易にし、ケーブルテレビやインターネットは国際間の情報やニュースを世界中に瞬時に伝える。なかんずくインターネットの普及はめざましく、インパクトも大きい。一九九〇年代後半以降、先進各国のインターネット人口は加速度的に増大し、電子メールは瞬時的な双方向コミュニケーションの範囲を地球規模に広げた。また、電子商取引ではクレジットカードや電子マネーによるオンライン決済が可能になり、インターネット上の全世界の顧客を対象とする企業、金融商品のネット売買を行う証券会社も登場した。このように、電子マネーやTCP／IP（インターネット・プロトコル）は、グローバリゼーションの情報技術的基礎となっている。

第六が、「国際金融市場の膨張と投機化」である。

一九七一年にニクソンがドルと金の交換を停止し、一九七三年に国際通貨制度が変動相場制に移行して以来、ユーロカレンシー市場の拡大を経て、オフショア取引は拡大の一途をたどった。一九八〇年代後半以降、先物、オプション、スワップなどのデリバティブ（金融派生商品）形態での外国為替取引や金利取引は急増した。いまや外国為替市場、株式市場、債券市場、金融先物市場などの国際金融市場では、短期資本がより高い収益性をめざしてボーダーレスに敏速に移動している。世界全体の一日あたりの外国為替取引額は二〇〇七年四月に三・二兆ドルにも上り（BIS, 2007）、その約四日分が年間の世界貿易取引額（約一二・五兆ドル、輸出ベース、二〇〇九年）に匹敵する（IMF, 2010）。

デリバティブは、本来リスクヘッジ（リスク回避）手段として導入されたが、それはいまや大規模な国際的投機を行うための格好の舞台を提供している。一九九〇年代、欧州、メキシコ、東アジア、ロシア、ブラジルでの相次ぐ通貨危機が見られたが、そこでは、ヘッジファンドが運用する浮動的な大量の国際短期資本の逃避が各国の実体経済に深刻な打撃を与えることとなった。金融市場のグローバル化が、まさに投機とバブルのグローバル化をもたらしているのである。このような問題を持つ現代の資本主義は、「グローバル資本主義」（ジョージ・ソロス）や「カジノ資本主義」（スーザン・ストレンジ）などと呼ばれている。

要するに、市場経済の普遍化、市場の規制緩和・自由化、貿易・投資の自由化、超国籍企業の台頭、交通や通信技術の発達、国際金融市場の膨張と投機化、国家の後退と地域経済統合といった同時並行的に起こっている複合現象が「グローバリゼーション」という一語に集約されているのである。グローバリゼーションとは、こうした諸傾向を貫く、より高次の「傾向性」を表す統合的概念である。

そして、この背後には一九七〇年代から顕著になった経済における脱工業化・情報化と、金ドル交換停止から変動相場制へ到る貨幣の脱モノ化という大きな二つの流れがある。また、交通や通信技術の発達、なかでもインターネットの普及がグローバリゼーションをもたらした技術工学的基盤であると言えるだろう。

ところで、グローバリゼーションを文字通りに訳せば、「地球化」である。これは、国民国家間のボーダーが次第に意味を失い、地球が球面として単一の閉じられた市場経済へと向かう「傾向」を表している。したがって、グローバリゼーションとは、より簡潔に言えば、情報技術の発展と金融の拡大をともなう地球規模の単一自由市場化への接近傾向にほかならない。

市場の外延的拡大と内包的深化

次に、グローバリゼーションをもう少し理論的に考察してみよう。

先ほど挙げた、グローバリゼーションの二番目の定義である「市場の自由化・規制緩和」とは、国内的には、政府による許認可制度や法的規制・保護の撤廃であり、国際的には、関税・非関税障壁の撤廃による貿易の自由化であると一般に考えられている。

ここでの法的規制・保護や非関税障壁の中には、国家による法的規制や政策的保護のみならず、実は、慣習・文化・伝統・道徳などの様々な共同体的な価値や規範も暗黙的にせよ含まれていると見てよい。それゆえ、市場の自由化は市場の地球化へ至るような市場領域の拡張と統合を指しているわけである。

規制の撤廃や市場の自由化により、現存する商品の売買される市場が空間的に拡大していくこと、これを市場の「外延的拡大」と呼ぼう。マクドナルドのハンバーガーやスターバックスのコーヒー、トヨタの自動車が旧社会主義国や発展途上国で同じように消費できるようになったことなどを意味する。このことは、先進国である日本やアメリカから見れば、ハンバーガーやコーヒー、自動車といった消費財の市場が拡大することであり、旧社会主義国から見れば、市場の開放により従来売られていた自動車よりも性能は高いが価格も高い外国製品が市場に入ってくるということである。つまり、市場の領域が空間的に拡大したり、貿易の品目が拡大したりすることを意味している。

しかし実際には、市場における自由には二つの異なる意味がある。一つは、生産財や消費財としての商品の売買の自由であり、これは貿易の自由に相当するものである。もう一つは、株や債券、為替、デリバティブなど収益機会としての商品の売買の自由であり、これは投資の自由に等しい。

ここで確認すべきなのは、投資の自由は貿易の自由よりも高次の自由であるということである。すなわち、生産財や消費財の売買の最終的な目的はその財の機能や有用性、それらから得られる満足や効用を得ることにあるが、「収益機会」の売買における目的は、売買の直接的な対象である収益証書の機能や有用性そのものではなく、それが保証する投資機会から生まれる収益、すなわち投資価値の増分である利潤という抽象的な量であるということである。

つまり、売買される商品が、消費という具体的欲求の対象である場合と、そこから生まれる利益への投資という抽象的欲求の対象である場合がある。後者の方がより抽象度の高い欲求であるから、そのための自由も次元が高くなっていると考えられるのだ。

このように、市場の自由化が、財の売買の自由あるいは生産財、消費財の市場の拡大から、収益機会の売買の自由あるいは収益機会の市場の拡大へと高次化することを、市場の「内包的深化」と呼ぼう。

そして、グローバリゼーションが、わたしたちの経済のみならず社会・文化・倫理に対してより深刻なダメージを与えているのは、市場の外延的拡大よりもむしろこの内包的深化によってである。この点を理解することが、グローバリゼーションの問題を考えるうえで最も重要である。

市場の内包的深化は、気づかないうちに、わたしたちのより身近な日常生活の「内部」にまで浸透している。実は、市場の内包的深化は、倫理や道徳の観点から今まで商品として売買されていなかった人身や臓器に加え、個人情報や遺伝情報、炭素排出権や命名権といった様々な物品、サービス、情報や権利といった物事が「貨幣」を対価として売買される「商品」となるという事態に深く関わっている。

このような物事の「商品化」は、わたしたちのより外部にある物事（物品という対象）から次第に、わたしたち自身の身体（脳、臓器、遺伝子をも含む）に深く関わる物事（水や二酸化炭素に至るまで）、わたしたちの内側の物事へと進んでいる。つまり、市場は単に拡大しているのではなく、人類の歴史を通じてより商品化しにくい方向に向かって「内部化」しているのである。

市場の内包的深化は、この市場の内部化という傾向を通して、市場原理とは異質な互酬や再分配といった原理により構成されている共同体やコミュニティ、たとえば、村落共同体、家族、学校、地域社会、企業、国家をひとたび個人へと還元し、市場原理によってそれらを再編成するようなダイナミックな構造変化として現れる。もちろん、これらの共同体の内部には市場により完全には分解されない領域が常に残るものの、分解された部分は、貨幣を媒介とする商品交換をつうじて再組織される。したがって、それらはたとえ同じ名前で呼ばれようとも、内的には大きな質的変容を被ることになる。そして、もはやそうした共同体を同じ名前で呼ぶことができないほどその変容が大きくなったとき、それらが「崩壊」したといわれるのであろう。

「メニュー」の上での選択

市場の内包的深化とは、すでに述べたように、財やサービスが市場で貨幣により買われる新たな商品になっていくという事態、つまり、商品化の進展を意味していた。そこでは、人々は商品の売り手や買い手という「個」へと還元され、その結果として徐々にコミュニティが崩壊するというプロセスをたどっていく。言い換えれば、ここでは、人間のあらゆる行為が商品として提示された製品やサービスの「選択」へと還元される。わたしたちは、提示された商品の「メニュー」の中から自由に選ぶことができる。だが、「メニュー」自体は与えられており、その内容自体に関与できない。この点でその選択はあくまでも受動的であり他律的である。

わたしたちは、レストランに座り、自分の財布の中身と相談しつつ、様々なコースや単品が書かれた「メニュー」から、自分が食べたいものを選択する消費者になっているといってもよい。仮に、ありとあらゆる財やサービスが商品化され、市場で売買されていると仮定するなら、わたしたちに残されているのは「メニュー」の中での選択しかないのである。

「いや、自分で食材を買い、自分で好きなものを調理したい、『メニュー』外の選択もあるのではないか」と容易に反問しうるようにも見える。

しかし、その「メニュー」には、実は自己調理などの可能性のすべてが織り込まれていると考えなければならない。なぜなら、その人が有する時間も貨幣換算されて比較考量されているのであって、労働と余暇への時間の配分も既に「メニュー」の上に載せられているからだ。

仮に、その人の労働に対する時給が五〇〇〇円と考えてみよう。この場合、その人が余暇に一時間を費やせば五〇〇〇円を稼ぐ機会を失っていると見なされうる。その機会損失こそ、余暇の費用である。それゆえ、その人が一時間をかけて買物と調理をするならば、彼の作った食事の費用にはたとえば、二〇〇〇円の原材料や光熱費に加え、五〇〇〇円を労働費用として計上しなくてはならない。七〇〇〇円の食事を楽しむということは極めて贅沢な選択と言えるのではないか。

そこで、同じく二〇〇〇円の原材料や光熱費をかけ、時給一〇〇〇円の外注の調理サービスを雇い入れ、全く同じ食事を作ってもらえば費用は四〇〇〇円削減されるのだから、その方がより「合理的」な選択ということになろう。この場合、外注調理サービスによる食事がその価格とともに先ほどの「メニュー」に追加されると考えてもよい。こうして、「メニュー」には、あらゆる財が商品として登録されているだけではなく、彼自身のあらゆる行為の選択も値づけされて予め登録されているのである。

もちろん、以上のストーリーは極端なものに思えるであろう。時給一〇〇〇円の外注調理サービスが市場で商品になっていなければ成り立たないし、この人が「メニュー」から合理的な選択をするという仮定のうえでの話だからだ。だがこれは単なる空想とも言えない。

たとえば、すでに家事・育児労働は、時間あたりに換算された賃金の機会費用として計算され、家事や育児のサービスによって代替される傾向にある。外で稼げる時給がこれらのサービスの時給を上回っているならば、家事や育児を外注サービスにまかせて、自らはその同じ時間に働いている方が「合理的」だという考えは若い世代を中心にして次第に広まってきている。外食、清掃、託児、介護などの各種サービス産業の隆盛はこうした傾向に裏打ちされているとも言える。

また、そもそも家事そのものが、様々な商品——洗濯機や冷蔵庫などの電化製品からクリーニングや外食——に代替されることにより、その必要時間が大幅に短縮されてきた。これも、次々と新商品が導入され、それにより家事労働が代替されてきた、市場の内包的深化の結果である。

結局、ここでは、貨幣換算されない純粋な自由時間は存在しないし、「非市場的」空間で純粋に楽しめるような人間の行為領域は残されてはいない。「メニュー」の上での選択とは、このような傾向を思考実験的に純粋化してみたときの一つの描像にほかならないのである。

自由投資主義へ

市場の内包的深化は、わたしたちを商品の売り手／買い手という「個」へ還元し、人間のあらゆる行為が商品としての製品やサービスの「メニュー」選択へと還元されることを見た。

だが、市場の内包的深化は、次のステップとして、わたしたちを投資家／資本家という「個」へも還元していく。すべての個人が投資家／資本家と同じ立場に立つこと、つまり、所有する貨幣を投資によりできるだけ増殖することを目的として行為するように駆り立てるのだ。これについても、詳しく見てみよう。

サブプライム危機に象徴されるように、グローバリゼーションの進展において、金融商品の多様化が果たした役割がとてつもなく多い。では、金融商品の多様化とは何か。端的に言えば、利潤獲得機会としての株式、債券、貸付債権、外国為替、不動産抵当証券などをできるだけ証券化・小口化・流動化して、万人に開放するということであろう。

たとえば、インターネットを使った小口株式投資は、個人が投資家として行為することを容易にしてくれる。こうして、先の「メニュー」のなかには、商品として消費財・サービスだけでなく、多様な投資機会もどんどん繰り込まれていくことになる。人々は、毎日、いや、毎時間ごとにインターネットの証券会社のホームページを眺め、自分の保有する株価の動向をチェックし、また、様々な金融・経済情報をいろんなサイトで検索してそれを分析して、売買の判断を下すことに時間を費やすことになるだろう。もちろん、時間と労力を他のことへ配分するほうが合理的であると考えるか、自分の判断に自信がない人々は、一定の報酬を支払って自己の資産を包括的に管理運営してくれる専門家、たとえばファイナンシャル・プランナーやファンド・マネージャーに委託するかもしれない。

だがいずれにせよ、資本主義は、万人が投資家であることを、あるいは少なくとも投資家の意識で行為することを奨励するような「自由投資主義」へと向かっていることは間違いあるまい。これがいかに非人間的に見えようとも、これが現在の事態の推移の行く末なのである。

グローバリゼーションの究極の姿とは、実際には投資信託や年金基金のファンド・マネージャーだけではなく、あらゆる個人が地球上のあらゆる利益機会を比較考量して投資を行う「グローバル・インベストメント」に関する自由投資主義にほかならない。

「万人は投資家たれ」

すべての行為は利潤を目的とする投資という形態をとり、個人が投資家として振る舞うことを余儀なくされるならば、資本家の場合と同じく、個人の消費行動もまた投資行為としての意味を付与されることになってくる。こうなると、純粋にモノやサービスを生産したり消費したりという行為はもはや成立しがたい。

産業資本家は、生産設備や原材料を購入し、労働者を雇用して生産物を生産するが、その目的は利潤の獲得にあり、生産行為はそのための手段にすぎない。資本家にとっては、生産活動における原材料の消費や固定設備の使用、すなわち生産的消費も利潤獲得のための手段である。そして、この資本家の論理は、いまや個人レベルにも当てはまることになる。

かつてマルクスは、労働者とは、自らの労働力を販売して得た賃金のすべてを費やして様々な消費手段を購入し、それらを消費して生活していくことにより、自らの労働力をただ繰り返し再生産している主体と考えた。マルクスによれば、労働者は二重の意味で「自由な」主体であった。第一に、労働者は自由意志を持つ独立の人格であり、労働力を「自由に」販売しているということである。第二に、労働者は原材料や機械設備などの生産手段を持っていない無産者であるので、自分で生産を行うことはできず、労働力を売る以外に生活していく手立てがないということである。ドイツ語の"frei von…"英語で言えば"free from…"を直訳すれば「～から自由である」となるが、これは「～がない」「～を持っていない」という意味であり、労働力を販売することは「自由」な意志によるとはいえ、現実にはむしろ生産手段がないという「不自由」であり、労働力の販売は「強制」であることを含意している。すなわち、最初の自由は肯定的な意味で、二番目の自由は否定的な意味で使われている。これは、マルクスの自由主義者に対する辛辣なアイロニーである。

しかし、いまや多くの労働者は単に自らを再生産する無産者ではない。労働者は「鉄鎖以外に失うものはない」どころか、いまや大きな貯蓄や資産といった失うべきモノを持っているのであって、労働者が利殖を目的として投資家のように行為するための条件は十分に整っている。その結果、労働者の行動様式は大きく変化するのではないだろうか。労働者が、自らの労働力を販売し賃金を得ているのは、もはや生きていくのに不可欠な生活必需品（衣料、食料、住居、医療など）を買うためではない。彼らは、教育や訓練に費用や時間をかけて自らの労働力の価値を高めるべく投資を行ったのであり、そうした人的資本投資から収益を回収するために賃金を得ているのではないか。もしそう考えうるのであれば、労働力という商品は、資本家が利潤を得るために生産し販売する通常の商品ともはや原理的には何も変わらないものになったのである。

こうした状況では、商品の売りと買いを媒介する流通手段としての貨幣は、貨幣全体の機能のかなり小さい割合しか占めていない。貨幣は、流通手段としてではなく、儲けるために使われる「資本」になっているからだ。長引く不況において、人々が貨幣を使わないのは、貨幣が、価値貯蔵手段としての資本になっていることの現れである。

もちろん、人々は生活のための必需品は買わなければならないが、それ以外のものを購入して消費する必要はない。住宅やそれに付随する家具調度品の場合のように、消費のかなりの部分が奢侈や投資としての様相を帯びている財においては、なおさらそうである。こうした商品の場合、人々は、将来価格がさらに下がると予想するときには人々はモノを買わない。株や不動産などのインカムゲイン（収益）を生む資産ですら、キャピタルロス（値下がり損）が大きいと予想されれば、誰も買わなくなる。そこでは、人々は将来への不安があるから、貨幣を使わずに、貯蓄するのである。結果として、人々はインフレーションのときのように貨幣価値が低下することはなく、それが安定していると信じていることになる。つまり、誰も貨幣の行く末を疑ってはいないのだ。

労働者がある程度の金融資産を持っているならば、不況により減給や失業という痛手を被るにしても、生活が直ちに立ち行かなくなるわけではない。リーマンショック以降、日本では失業率が五・五パーセントを超え、契約社員や派遣労働者の首切りが広く行われた。中には生活が困難になり自殺や餓死が出てくるなど、大きな社会問題として取り上げられてきた。しかし、日本の個人金融資産はリーマンショック以降大きく減ったとはいえ、一四〇〇兆円を維持しており、これは国民一人あたり約一一五〇万円になる。金融資産の半分以上が現金・預金なのである。平均的に見れば、労働者は多くの金融資産を持っているということは否定できない。

高まる投資家意識

金融資産の保有高が高いだけでなく、貨幣の退蔵が広範に起きたことによって、労働者の意識はすでに資本家に接近しているのではないだろうか。不況のもと、金利をいくら下げても企業が投資しないということと、労働者が消費しないことの間には、もはやそれほど大きな違いがなくなってきているのではないか。

先ほど説明したように、グローバリゼーションによる市場の内包的深化は、わたしたちの生活そのものを、投資行為とせよ、収益獲得のための手段とせよと迫っている。こうした環境では、誰もが投資家や投機家として、多くの情報を収集・分析・判断し、機敏に利ざやの機会をつかむ能力を身につけることを要求される。

投資家となった個々人は、自己責任を負わなければならないとされる。と同時に、他方では、投資機会に関する情報が完全に開示されなければならないとされる。そうした状況が達成されていれば、投資機会についての情報の収集とリスク判断は個々の投資家に委ねられるというわけである。近年よく使われるようになった「自己責任」という言葉の内実は、実は、明らかに投資家あるいは投機家に求められるような収益機会にともなうリスクに対する責任を意味しているにすぎない。他方で、アカウンタビリティ（説明責任）という言葉も、被投資主体たる企業や政策主体たる金融当局の投資家に対する情報開示の責任にすぎない。

ここでは、自由や責任の意味は、実は、「万人は投資家たれ」という自由投資主義の中でしか問われていないのである。

ベッカーの人的資本理論

ここまで、あらゆる財やサービス、特に土地や労働力などの本源的生産要素や貨幣の投資商品化の基本的メカニズムを見てきた。そして、いまやこの具体的な徴候は、わたしたちの社会の様々な場所に見いだせる。ここでは、一つの例として、教育の投資商品化を見てみよう。

アメリカの経済学者、ゲーリー・ベッカーの「人的資本理論」によれば、教育とは、学生が貨幣による支出と時間のような機会費用を投資して専門的な知識・技術を身につけることにより、自らの人的資本を蓄積することである。その目的は、自らの人的資本の価値を高め、そこから将来にわたって稼得されると予想される所得のフロー（インカムゲイン）を増大することにある。

この観点からすれば、学生は、すでに教育サービスの「消費者」ですらないだろう。教育投資から得られる将来収益を勘案しながら、自らに教育投資を行う「投資家」であることになる。もちろん、いつの時代でも学生が大学、学部・学科、科目を選択するときには、実学志向や損得勘定が含まれていたことは疑いない。しかし、現代的な特徴は、予想収益による学部やゼミナールの選択がかなり普遍的な現象になっていること、人的資本への投資行為という教育観を教師や教官のサイドが広く容認していること、学校制度や教育政策も投資家たる学生の合理的選択を積極的に後押ししていることにある。

さらに、この投資家的な視点や論理は、職業訓練、教養、習い事、情報収集、健康管理、家事労働など、いまや至る所に適用されつつあることがわかる。たとえば、単身家族やパラサイト・シングルの増大は、結婚や世帯の独立が必ずしも有利な投資ではないという理由から説明できるだろう。結婚や子供の出産・養育、高齢者の介護も、収益性のある投資にはなりにくいがゆえに回避されるだろう。少子化という現象の底流にも、自分の時間をより重視し、育児・家事労働で失われる勤労所得を機会費用と見るような親の時間世界の変容があり、高齢者介護もそれが何の貨幣所得を生み出さない「煩労や労苦」であるだけでなく、それにともなう失職期間が勤労所得という利益を失わせ、機会費用をもたらすがゆえに回避されるわけである。単身世帯と離婚の増加、出生率の低下、高齢者介護の忌避といった問題も、こうした観点から見るとすべての人々がますます投資家として考え行為するというところから生じている問題のように見えてくる。

このように、人的資本理論や機会費用理論があらゆる領域へと適用されることによって、わたしたちはすべての選択や行為を投資とみなすようになっていくのである。そして、その結果、投資と消費の区別が消え、さらには生産と消費の区分もなくなっていく。このまま行けば、いずれわたしたちの生活や生命の営みのすべてが、あたかも利益を追い求める投資行為の一種であると考えられるようになるであろう。

近年大きな社会問題となっている少年犯罪、育児放棄、幼児虐待、孤独死、さらに生殖細胞や臓器の商品化などについては、共同体やコミュニティ、家族、学校、地域社会、国家の縮少と変容に関連しているとよく言われる。だが、これらもその源流をたどれば、ここで説明してきた市場の内包的深化が人々を「個」へと還元し、すべての行為を消費者さらには投資家の観点から選択させていく傾向に根本的には起因しているはずである。

未来の現実を描く理論

様々な現象を投資として説明するということは、非現実的な経済学の理論がつむぎ出すおとぎ話にすぎないという反論があるかもしれない。だが、人的資本理論や機会費用理論で説明可能な現象が増加傾向にあること、そして、好むと好まざるとにかかわらず、わたしたち自身の行為を投資とみなす考え方がわたしたちの内部にいまや深く浸透し、すでにある種の思考習慣として制度化しつつあることは認めざるを得ないだろう。

そうなると、理論が現実をうまく描いていないという批判は当たらなくなる。むしろ、理論は現在の現実ではなく、未来の現実を描いているのであり、人々がそうした理論をそのまま受け入れ、自分の考えの中に習慣として無意識のうちに取り込んでしまうとき、人々がそれに基づいて振る舞うことにより、そうした世界の予想が実現されてしまうのである。

理論は、その内容がどれほど奇異に思えようとも、人々がそれに基づいて現実に選択や行為を行い始めるとき、そうした理論の説くところが結果として実現してしまうのである。理論や思想の恐ろしさは、その科学的な客観性や正しさにではなく、その予想が自己実現してしまう可能性にあるとさえ言えるであろう。

かつて経済学者ケインズはその主著『一般理論』の最後で、経済学者や政治哲学者の思想はそれが正しい場合も間違っている場合も、一般に考えられているよりもずっと強力であり、世界を支配するのは思想しかないと述べた。新しい理論の影響を受けるのはせいぜい三〇歳までであり、そうした人々が既得権益を持つようになるには時間がかかる。だから、そうした若い世代が既得権益を持つときにはすでにその思想は一世代前の代物になっている。思想が影響を与えるにはこのように時間がかかるのだが、それは着実に広がっていく。既得権益よりもずっと危険なモノなのである。それは、思想がやはり予想の自己実現能力を持つからであろう。

文化領域にも適用される投資の論理

市場における商品売買の自由や投資の自由が様々な生活領域へと地滑り的に拡大している事態を

容認している現状では、「他人に迷惑をかけない限りでの売買の自由」を主張する者に論理的に反駁することは難しい。

たとえば、性の商品化がしばしば社会問題とされるが、結局のところ、これも一定の倫理や道徳(現代社会の常識や通念)から商品の内容やその社会的影響の反道徳性を裁断する以外にはなく、それが説得力をもちうるのも、コミュニティとその道徳や倫理が市場の内包的深化に十分に拮抗しているかぎりにおいてであろう。だが、その根本条件はいまや失われつつあるのである。

一方、性の商品化が問題とされるなか、教育サービスの商品化の方はほとんど問題にされることがない。それは、性とは違い、教育という商品の内容と社会的効果からみるかぎり、全く道徳や倫理に反するところがないように見えるからであろう。

こうした認識は、ベッカーの「人的資本理論」の議論そのままに、まずは教育サービスを投資商品とみなして購入しようとする動機を需要者の側から生じさせるが、それは反射的に供給者である教育者の教育内容や教育態度を変容させ、さらには学問や科学研究の発展する方向をも規定してしまうだろう。その結果、投資家たる学生に投資してもらえない教育商品は供給されなくなり、そのような分野の学問や研究は必然的に衰退していくと予想されるからである。

問題の核心は、グローバリゼーションが求める投資の自由の際限なき拡張が是認されれば、それは経済領域だけでなく、教育・研究をも含むあらゆる文化領域にまで適用されざるを得ないという点にこそある。

性の商品化や教育の商品化など、わたしたちが現在直面している諸問題は、たしかに倫理的・道徳的なものではある。したがって、親や家族によるしつけや学校における規律の低下とか、人々の道徳や帰属意識の低下や価値観の変化などにその原因が求められることも多い。

だが、ここまでの議論からも明らかなように、それは全く的を射ていないのである。それらは、市場領域の拡大・深化と非市場領域の縮退、つまり両者の位相的境界の変動に関わる極めて経済社会的現象の帰結であるからである。

こうした市場領域と非市場領域の変動は、何を生産と消費の対象や収益機会と見なすか、何を費用と見なすかという、わたしたちの意識や認知を媒介するものであるから、それは単に価値や規範それ自身の自然な変化によるものではない。文化的・倫理的問題は独立のものではなく、市場における自由と責任という経済社会的問題に深く関わっているのである。情報化を伴う市場の内包的深化において、市場と貨幣に関する経済的諸問題が文化的・倫理的・道徳的諸問題を規定しているのである。

わたしたちは、売買と投資という二つの観点から市場領域をどう確定するのかを考えなければ、コミュニティや倫理・道徳にかかわる諸問題に、もはや答えることはできない地点にいるのである。

手に入れた自由と失われた自由

自由投資主義における売買や投資のための「メニュー」の多様化について、「自由」という観点からより掘り下げて考えてみよう。

自由投資主義の時代における「メニュー」の多様化は、一見したところ、哲学者アイザイア・バーリンの言う「消極的自由」（他者による強制的な干渉がない状態）の拡大であると考えられよう。しかし、消費者や投資家にとっての「メニュー」の拡大は、消費者でも投資家でもないような人間の生活様式や存在態様を消去することによって成立していることを見逃してはならない。実は、「メニュー」のうえの明示的な選択肢の数の増大は、明示化も量化もされないようなコミュニケーションの多様な領域における潜在可能性としての自由を犠牲にすることによってはじめて可能になっているからである。

一般的な性向として、消費者や投資家は遠い未来や過去をあまり考慮せず、短期的・近視眼的視野を持つことが多いし、「メニュー」に載っていないものはそもそも存在しないと考えてしまうであろう。そして、過去から引き継がれてきた伝統や遺産、将来世代への配慮、商品とはならないモノやコト、これらは必ずしも「メニュー」には載らないかもしれないのである。

この「メニュー」に関して、いまから十年ほど前からマスターカードのテレビコマーシャルが世界中で様々なバージョンで放映されている。消費される様々な商品の価格が列挙され、最後に、家族の絆や友情、貴重な体験、自己の発見などについて「プライスレス（価格が付けられない）、お金で買えない価値がある、買えるものはマスターカードで」というナレーションが入る。その内容には何を「プライスレス」と見なすかという文化や慣習の違いから各国のバリエーションがあった。それらの多くが家族や友人などコミュニティのかけがえのなさを伝える物語として、一見すると感動を与えてくれる。だが、その語りの場が「貨幣」にほぼ匹敵するクレジットカードのコマーシャルであり、しかも、他の物はすべて自社のカードで買ってくれと言われるとき、貨幣に換算できない「プライスレス」とされた物事もやがて「プライス」の付いた商品に還元されていく危険をはらんでいることを否応なく自覚させられるのである。

市場は、閉じた共同体における固定化された役割や規制から人々を解き放ち、人々を「個」として自立させた。だが、「個」として得られた自由とは、実は市場における売買や投資の自由を意味しているだけである。その方向でのみ自由が拡大されるならば、真の自由の領域はカバーすることはできないであろう。

なぜなら、市場の外延的拡大と内包的深化そのものが、「個」でありながらも「他者」とつながるという、市場以外のあり方の可能性を禁止的に排除してしまうからである。財・サービスの普遍的な商品化は、商品の売買や貨幣の増殖という形式以外の、人間の行為やコミュニケーションの自由を根本的に閉ざしてしまうものなのである。

地球全体の危機としてのグローバリゼーション

市場化や自由化は、一時的な痛みを伴うものの、企業や個人の自己責任を高め、官依存体質を改善することで、結果的には経済を効率的にすると言われてきた。しかし、一九九〇年代から現在までの一連の現実——相次ぐ金融危機、通貨危機、国家倒産の危機——を通過してみれば、それらが実際には経済を不安定にし、不況や倒産・失業という形で市民生活にも深刻な影響をもたらすということは否定できないであろう。

そして、これまで見てきたように、グローバリゼーションは、消費者や投資家としての個の自由と自己責任を拡大する一方で、市場以外の領域の自由を縮減し、所得や資産の格差を拡大し、世界を画一化させ、地域や文化の固有性を消し去ってしまう。それは、必然的に家族・学校・地域などのコミュニティを衰退させ、コミュニケーションやモラルの欠如を招いている。しかも、これらに地球環境問題も重なっている。グローバリゼーションが生み出している問題は単に経済的なものではなく、社会的・政治的・文化的・倫理的なレベルにもおよぶ総体的なものであり、地球全体の危機でもあると考えなければならないのは、誰の目にも明らかであろう。

では、このグローバリゼーションの傾向を能動的に生み出している主体は、何か。それは、市場自身ではないし、まして人間や自然でもない。そうした主体性を発揮するのは、資本である。

資本は、生産設備や固定資本、中間生産物や最終製品のような商品ではないし、また単なる貨幣でもない。資本とは、自己増殖という目的を遂げるために、商品や貨幣という形式を取りながら自己変態をする運動体（流通形式）であって、モノやサービスを売買や投資の対象である商品に絶えず変換しようとし、新たな差異を生み出しつつ、それを解消しようとする内的動機を持った主体である。

市場システムの拡大に対する対抗運動はすでに産業革命期から続いていた。だが、それが、カール・ポランニーのいう社会の反作用的な防衛行動にとどまるものである限り、資本の運動を停止することはできなかったし、今後もできないであろう。そればかりか、資本への反動的な拒絶が国家へと集約されて遂行されるならば、それは自由の抑圧や異質な人種・宗教・思想の暴力的排除など、資本がもたらす以上の惨禍をも生み出すに違いない。

多くの人々が、市場や貨幣がもっているグローバルな性格こそが生活を画一化・断片化し、社会を不安定にしている源であると漠然と感じとっている。世界的に広まりつつある反グローバリズムの流れも、グローバル化する市場や貨幣への疑念の現れであろう。むろんそこには感情的な反発や不安も含まれている。だが、こうした不安に基づく感情的反発は、一九三〇年代がそうであったように、えてしてナショナリズムや保護主義へと一気に合流し、市場を統制し貨幣を破棄しようとする国家社会主義(ボルシェヴィズム)やファシズム(ボナパルティズム)へと陥る危険性を宿している。ここで重要なことは、歴史の教訓を忘れてはならないということである。

二〇世紀は戦争と革命の世紀であるといわれるように、経済的権益やイデオロギー的覇権をめぐり近代的暴力を備えた国民国家が激しく衝突し、あるいは冷たく対峙した時代であった。そして、人々の対立感情と不安、あるいは宗教化したイデオロギーこそ歴史を駆動する燃料としてしばしば動員されたのである。

いま望むべき道はどこか

わたしたちは、不安に駆られ感情に流されてはならない。あくまでもグローバリズムの行く末を冷静に見据えなければならない。戦争と革命の世紀であった二〇世紀は、同時に市場や貨幣を普遍的に是認する資本主義か、それらを絶対的に否定する社会主義かという両極の間を大きく揺れ動いたという意味で、「極端の時代」(エリック・ホブズボーム)でもあった。

では、いま望むべき道はどこにあるのか。市場なのか、計画なのか。いやその両極端ではなくむしろ中庸にあるのだろうか。

グローバリゼーションの負の側面が明らかになるにつれて、一九九〇年代後半以降、ヨーロッパでは社会民主主義が見直されてきた。しかし、市場（民間）と計画（国家あるいは政府）の混合を図る福祉国家がかつてのように有効であるのだろうか。既得権益の擁護やレントシーキング（企業が超過利潤を得るために政府などに働きかける活動）といった「政府の失敗」が見られるだけではなく、ケインズ型財政政策（公共投資）そのものもほとんど奏功せず、財政赤字は拡大の一途をたどっている。高齢化・少子化、需要飽和、環境重視という現状において、経済成長と平等な所得分配の両立を前提とする福祉国家の理念そのものに疑問が付されている。

振り返ってみれば、ケインズ主義的な公共投資による有効需要管理に基づいた福祉国家型混合体制も、資本主義と社会主義の折衷として成立したものであった。そして、今世紀は、それにも歴史的な裁きを下したのではなかったか。

小さな政府と民営化を進めた新保守主義の七〇年代後半以降における台頭を招いた原因は、ほかならぬケインズ的財政・金融政策の有効性が失墜し、国家財政の赤字が膨れ上がったことにあったのではなかったのか。いわば、わたしたちは、二〇世紀の資本主義から社会主義へと至る数直線上で、社会民主主義をも含む両者の種々のコンビネーションを実験し終えたのではなかったか。

そもそも、グローバル化した開放経済では、管理通貨制ももはや以前のように機能しえない。むろん国家を「想像の共同体」（ベネディクト・アンダーソン）として再建しようとする試みも、家族・地域レベルのコミュニティの崩壊をイデオロギー的に糊塗するものでしかなく、グローバリゼーションの問題を根本から解決するものではあり得ないだろう。

現在の危機は、もはや集権的計画主義でも、また市場原理主義でも、社会民主主義でも解決不可能なものなのである。では、わたしたちは、このトリレンマにどう対処すべきなのだろうか。

二分法的思考様式を乗り越える

こうした状況で、わたしたちがいま再考すべきなのは、「市場か、計画（国家）か」あるいは「自由か、規制（裁量）か」といった二分法的な思考様式そのものである。一方に、市場や自由を称揚する市場原理主義があり、他方に政府や規制を信奉する集権的計画主義があるとすれば、これらを両極とする数直線の中間に社会民主主義は位置づけられるであろう。であるならば、このトリレンマはこの数直線上のどこにももはや解決は見いだせないということを意味している。

そもそも、「市場か、計画か」の二分的な思考様式とは一挙に成立するものではなく、次のような思考回路を経て形成されるものである。

すなわち、まず自由放任的な市場を「完全競争」市場として概念化し、そうした市場モデルを理念型として構築する、次いで、不完全競争である独占を想定し、これに対応する国家による計画モデルを派生させるという順序である。ここでの「完全競争」に基づく一般均衡論的な市場像とは、実は市場経済を物々交換経済と同じものと見なすことによってはじめて成立し、そこから計画モデルも導出されているのである。むろん、市場と計画の中庸、ベストミックスを模索するということも、この二分法的な思考様式に基づいている点で、根本的な解決にはなりえまい。

わたしたちがトリレンマから脱出するため、必要なことは、市場と計画を単に否定することでもなければ肯定することでもない。むしろ、この二分法的思考様式が成立する理論的な根拠をまず明らかにし、この対立の構図を揚棄するという思考を通過しなければならない。それは、市場と計画の二項対立の起源そのものを問い直し、これら両者により抑圧されてきた概念であるコミュニティに光を当て、そこにおける経済調整原理である互酬を位置づけ直すことである。

現在のグローバル資本主義経済では、拡大する市場が計画の担い手たる国家や互酬の担い手たるコミュニティの領域を浸食していくという事態が生じているが、実はそこで抑圧されている存在がある。貨幣である。市場は大いに語られるにもかかわらず、貨幣はほとんど語られていない。その原因はまず理論にある。広く普及している現代経済学のミクロ理論には市場理論はあるが、貨幣理論がない。したがって、現代の市場主義的な経済学者は市場について多くを語るが、貨幣については何も語らないのである。

また、人々の貨幣に対する意識も関係している。人々は、グローバルな温暖化という問題について大いに関心を寄せ議論するが、貨幣にはほとんど関心を持たない。いや、正確に言えば、人々は貨幣を稼ぐこと、稼ぎ方には大いに関心を抱いているが、貨幣のあり方や貨幣という制度の望ましさには関心を抱いていない。貨幣とは、堅固な岩のように確固たる一つの枠組みであり、わたしたちが変更できるようなものではないと取り違えているのかもしれない。こうした貨幣の意味を問い直すこと、そして、貨幣の新たな制度設計の可能性を考えることによってはじめて「市場か、計画か」という二分法の呪縛から自由になることができるはずである。

言い換えれば、市場と貨幣の伝統的な理論を吟味し直して、市場と貨幣の正負の両面を認識しつつ、正の側面を保存し負の側面を克服するような新たな貨幣や市場をデザインし直さなければならない。市場経済とは貨幣経済であり、貨幣なくして市場は存在しえない。しかも、わたしたちが身を置く貨幣経済とは、貨幣が無際限に自己増殖を求めるような資本というプログラム（遺伝子）が埋め込まれた貨幣経済、すなわち資本主義市場経済なのである。

グローバリゼーションは、あらゆる境界や制約を越えてモノやサービス、情報の自由な売買と投資を推進するから、市場の世界化であると同時に、資本の世界化でもある。だから、グローバリゼーションとは、資本が無限に自己膨張する「自由」を求める運動であるといってよい。資本が利潤や利子を求めて自由に動き回れば、市場は不安定になり、地球の有限性が露わになる。ここまで見てきた、現在のわたしたちの危機は、市場を支える個人の功利主義や利己主義ではなく、資本による倫理なき自由の追求に起源がある。

つまり、日々利益を追求する投機家や資本家という人間の倫理やモラル上の責任を問いただしても意味はない。反倫理や反モラルを可能にする制度のあり方を問い直すべきなのである。

第二章●社会主義はなぜ不可能なのか、資本主義はなぜ強いのか

資本主義をいかなるものとしてとらえるか

経済社会について考察する際に、二〇世紀を通じて大前提とされてきたある特徴的な考え方がある。そして、二一世紀のいまもなおそうした先入観にとらわれた議論が後を絶たない。それは、「市場か、計画か」「自由か、規制か」という二項対立的な思考様式である。だが、はたしてそうした思考様式は堅固な基礎を持つものだったのだろうか。

二〇世紀最大の社会経済的な事件は、ソ連・東欧での社会主義経済圏の成立と崩壊といえるだろう。社会主義国家が相次いで崩壊した一九九〇年代以降の議論では、社会主義という実験の失敗は誰の目にも明らかであり、効率的で存続可能な経済システムは資本主義以外にはなく、しかも、規制緩和・民営化・市場開放・小さな政府を伴う自由主義的な資本主義が望ましいという意見が大勢を占めることとなる。

フランシス・フクヤマがそのような意見の政治哲学的な側面を代表していた。彼は二〇世紀を自由と民主主義がファシズムと共産主義と対決してきた歴史と捉え、共産主義の崩壊により最終的に自由と民主主義が勝利し、歴史は終わると予言した。彼によれば、「歴史の終焉」後の世界では、

自由経済体制が発展する、戦争がない平和な時代が来ることになっていた。ところが、その後の歴史を見てみれば、そうした「歴史の終焉」論が誤りであったのは明らかである。

一九九一年には湾岸戦争が勃発し、旧社会主義国やアフリカでは民族や宗教上の対立から内戦が繰り返された。二〇〇一年の九月一一日に合衆国のニューヨークとワシントンでは、航空機を利用した大規模なテロが発生した。二一世紀初年に起きたその事件は、今世紀が平和な時代どころか暴力に満ちた波乱の時代であることを暗示していた。その後、合衆国はアルカイダが犯行組織であると断定し、その拠点であるとされるアフガニスタンに侵攻し、また、大量破壊兵器を所有するとしてイラクを占領とすることとなった。それは、イデオロギーの対立ではなく、あたかもキリスト教対イスラム教という構図の中でサミュエル・ハンチントンの予想した「文明の衝突」がまさに実現したかのように見えた。だが、こうした「文明の衝突」の根底にはグローバリゼーションに関わる経済社会的な問題が存在していることを見落とすべきではない。

また、二〇〇八年のリーマンショック後の世界金融危機の勃発は、二一世紀が政治的には戦争と対立が絶えない流動的な世界であるだけでなく、経済的にも次々と「発明」される金融派生商品に大きく依存する脆く不安定な世界でもあることを、わたしたちに否応なく教えてくれた。

この世界金融危機の場合でも明らかなように、わたしたちは現実の資本主義市場経済が示し続けている激しい経済変動の原因やその経済制度の多様で複雑なあり方の意味を今なお十分に説明できていない。また、先に述べた「効率的で存続可能な経済システムは資本主義以外にはない」という見解について、それは資本主義をいかなるものとして捉えているかが問題である。そうした見解を述べる論者は、往々にして資本主義＝市場経済と考え、両者の区別すらしていないのではないだろうか。そうした見解は「市場」にかんする次のような一連の認識を前提としているように見える。すなわち、

（一）市場とは財が無限に存在し、人々の欲求がすべて満たされる桃源郷ではない限り、初期時点における財の所有関係を前提として、希少財を経済主体へ効率的に配分するためのメカニズムである。

（二）それがうまく機能するためには、規制を排し、所有権を明確にし、政府をできるだけ小さくし、経済主体も数を増やして規模を小さくすることで「完全競争」の条件を満たすように努力していかなければならない。

（三）この条件が満たされるとすれば、効率的な市場メカニズムは経済社会の秩序形成と調整のために普遍的かつ全面的に利用できる。

ここで今後の議論のために、（一）の市場の定義を「市場の希少性定義」、（二）における市場が効率的であるための条件を「市場の完全競争条件」、（三）の市場だけで社会秩序の形成が可能だとする考え方を「市場の普遍性命題」と呼んでおこう。

要するに、以上の考え方は市場というものを、現代経済学の主流をなすミクロ経済学がしているのと全く同じように定義し、説明しているのである。市場の規制緩和や自由化を声高に唱えるいわ

ゆる「市場主義者」は、しばしばこうした主流派的な市場理解に基づいて経済社会のあるべき姿を論じている。

けれども、わたしたちにとって、これは、しっかりした大地の上を走っているようには見えない。それなりのスピードで走っている限り前には進めるけれども、ひとたび立ち止まってよく考えてみようとすれば、足下はぬかるんでおり、足がズブズブと沈んでいくことに忽ち気づくのではないか。このような市場像では、現実の市場が持つ真に重要な特性や意義を理解することはできない。

市場社会主義論と一般均衡理論

では、どのように市場を理解すればよいのだろうか。

まず、わたしたち人間には多くの点で合理性に限界があることを認めなければならない。それは一つには、この宇宙が繰り返しのきかない不可逆な時間の中で進化し続ける、一回限りの歴史であるということから生じる。また、第二には、この経済が誰にとってもすべてを知り得ないほど大きいということに起因する。その結果、誰一人として経済のすべてについて知ることもできなければ、得られた情報から将来の出来事を正確に予想し、自らの戦略を立てるということもできないのである。市場とは、こうした現実的な条件の中で、不完全なわたしたち人間が生産、消費、分配を行いつつ、持続可能な社会経済を繰り返し再生産していくために必要とされる社会的な「制度」である。これを「市場の再生産定義」と呼んでおこう。ここで制度とは、とりあえず、法や慣習など様々な社会的ルールの束であり、多くの個人や企業が受け入れているものであるとしておこう。制度の意義や帰結はミクロレベルの主体である個人や企業が必ずしも認識したり理解したりする必要はない。

このように、「市場の希少性定義」とは異なる「市場の再生産定義」に立つ限りにおいては、市場が経済システムにとって不可欠であると言える。もちろん、この定義の市場がどういうものであるかは、もっと理論的に考えなければならないのだが、少なくとも、(二)の完全競争条件は満たされないし、(三)の市場の普遍性命題も一般に成り立たなくなるであろう。

実は、先ほどの市場に関する(一)〜(三)の定義、条件、命題を根底で支えているのは、「一般均衡理論」と呼ばれる理想的な市場メカニズムのモデルなのである。一般均衡理論は一八七〇年代にローザンヌ学派のレオン・ワルラスが創始し、一九三〇年代から四〇年代ぐらいにかけて興隆し、一九五〇年代以降、ケネス・アローなどの手によって、抽象的なモデルとして洗練され、一般均衡の存在やその安定性が証明された理論である。

したがって、そうしたモデルが現実的にも理論的にも妥当なものであるかどうか、また、そのようなモデルにおける資源配分や情報伝達の効率性を論拠に市場の普遍性命題を正当化することができるのかをまず考えてみなければならない。

ソ連崩壊以降、社会主義に関するアカデミックな議論の多くが対象としているのは、社会主義経済と言っても、集権的計画経済ではなく市場社会主義である。そして、ほとんどの場合、市場社会主義論は一般均衡理論の市場モデルを前提としており、それを問題にするということはあまりない。このことからも、新古典派の考えが思想潮流の広い範囲にわたり大きな影響力を持っていることがうかがえる。

一九九〇年代以降、社会主義経済の崩壊がある種の回り道をして一般均衡理論の市場像に対する批判的な見解を生み出すようになってきた。どうして「回り道」というかと言えば、一般均衡理論の市場像が最初から直接問題とされたわけではなく、社会主義批判の脈絡で市場社会主義論が前提としてきた市場像を批判することにより、次第に一般均衡理論の市場像への批判が行われるようになったというのが実際の歴史であるからである。

一般均衡理論の方法論的枠組みは、（A）視野・合理性・働きかけなどの能力に限界のない全知・全能の経済主体が目的を最大化するという「最適化原理」、（B）全市場における需要と供給を同時に均衡させる一般均衡価格が存在し、それが安定であるという「価格均衡原理」の二つにより特徴づけられる。これは、明らかに経済主体をあまりに合理的に捉えており、市場経済をあまりに単純で操作可能なシステムとして描いているものである。

わたしたちの現実はこうした一般均衡理論が描く像とは全く異なっている。経済主体は限定合理的であり、市場経済は不確実かつ複雑で操作困難なシステムでしかなく、様々な制度や慣習が市場を補完している。それらは、単に自由市場に対する制約を意味するのではなく、各経済主体の計算の複雑さを軽減し、他の経済主体の行動を予測可能なものにするために、必要不可欠なものなのである。つまり市場は、単独の価格メカニズムとして抽象化できるような自立可能なシステムではなく、法体系や慣習、標準化、定型化などの諸制度・行動様式と一体化した社会制度としてしか存続することができないのである。

一般均衡理論の市場の見方に対して最も批判的な立場に立っていたのは、オーストリア学派の経済学者たちである。これから、フリードリヒ・フォン・ハイエクを中心にしてオーストリア学派の見解を検討していこう。ハイエクの議論の優れた点と足りない点が明らかになるであろう。

ハイエク思想の再検討

ソ連邦が崩壊した一九九一年以降、最も注目された思想家は、社会主義計画経済の不可能性をいち早く指摘していたハイエクであろう。その後の新自由主義や市場原理主義が勢いを増す中でも、ハイエクはしばしば参照されている。市場原理主義を理論的に支える新古典派経済学では、「人間は合理的である」と仮定され、より効率的な競争的市場をトップダウン式に設計・構築することが可能であると考えられるが、そのような合理主義的個人主義は、理性への過信という知的傲慢さを示すものであり、本来ハイエクの言う自由や市場が前提としている人間や知識に関する考え方とは根本的に異なっている。

ハイエクの思想の深奥には、いわば「無知の知」とでもいうソクラテスを髣髴《ほうふつ》とさせる哲学が厳として存在している。また、ハイエクの考える市場とは、人間知性には根本的な限界があるという「無知」の謙虚な自省に基づいて受け入れるべきルールの体系である。それは、「人間の行為の結果ではあるが、人間の設計の結果ではない」社会制度である。それは、金融改革や構造改革などによって政府が一気に作り出すことができるものではなく、諸個人の自発的、協調的な行為が意図せざる結果として生み出す、漸進的な経済社会進化の産物なのである。

本章では、このハイエクの主張の根幹である社会主義経済批判と一般均衡理論批判、さらには人間理性の限界といったテーゼについて再検討することにより、わたしたちが未だに囚われている「市場か、計画か」「自由か、規制か」といった思考様式の陥穽を明るみにしていこう。

無知という視点

一八九九年にオーストリア・ウィーンの学者一族に生まれたハイエクは、二〇世紀初頭のウィーンという、世界でもまれに見るほど知的に多様、自由、開放的な場所で青年時代を過ごした。学問・思想・哲学・芸術の諸潮流がひしめき合っていた当時のウィーンは「文化の相場」の様相を呈していた。ハイエクの思想も、異質な諸派が相互に影響を与えて、時に論争を行うそうした「知のアリーナ」から生まれ出てきた。

思想・哲学・科学などの学問における論争も、市場における競争も、どちらも人間が逃れることのできない「無知」という視点に立つことで、初めてそこにおける自由の意義を理解できるという意味で、並行的な関係にあると言えるだろう。

ハイエクの思想形成の核を成すものが社会主義経済批判であるが、彼はそれをある著名な論争の中で行った。それが、ソ連邦成立後の一九二〇年に始まった「社会主義経済計算論争」である。ハイエクは一九三五年に『集産主義経済計画の理論』という編著を出している。ハイエクはそこに、彼の経済学の師、ルードヴィヒ・フォン・ミーゼスが社会主義計画経済を批判した有名な論文とともに、この論争の歴史や現状を解説するために自ら執筆した展望論文(「問題の性質と歴史」と「論争の状況」)を載せている。

一九二七年、ハイエクはミーゼスが設立したオーストリア景気研究所の初代所長となり、その頃から、貨幣的景気循環理論を研究する気鋭の経済学者として知られるようになっていく。そうした業績を評価されて一九三一年にロンドン・スクール・オブ・エコノミクス（ＬＳＥ）に招聘された。当時のＬＳＥには、ラスキ、ラーナー、スウィージーといった社会主義者が多く、ハイエクは彼らを説得するための社会主義批判を進めるうちに、自らの経済思想をだんだんと深めていくことになる。

そして、それが結実したのが第二次大戦中の一九四四年に公刊された『隷従への道』である。その副題は「全体主義と自由」となっていて、ハイエクはそこで、全体主義について次のような基本テーゼを提示している。

すなわち、「ファシズムやナチズムの興隆が前の時代の社会主義的傾向に対する反動ではなくて、その必然の結果」（『隷従への道』七頁）なのであって、日独伊のファシズムとソ連の社会主義は、国家による経済の中央統制と計画化から生じる全体主義の派生態であるから、それらは必然的に自由を抑圧し人間の隷属化を進める、と。社会主義がインテリの多くに受け入れられ、ソ連が英米の同盟国であった当時、このハイエクの意見が物議を醸すものであったことは想像に難くない。

ハイエク自身は、この本のことを切迫した状況の中で必要なことを大衆にわかりやすく伝えるためのパンフレットとしか考えていなかった。だが、爆発的な大好評と憎悪に近い酷評という両極端な評価を受けて、自分がまともな学者であると見なされなくなってしまったことに不満を感じていた。それと同時に、この基本テーゼの正しさを学問的に論証して、それを確実なものにする必要をも強く感じていた。この基本テーゼを背後で支えているのは、「適切に運営される自由体制と市場秩序は望ましい」というもう一つのテーゼであるが、その後のハイエクはその論証を進めていく。結果、一九六〇年以降のハイエクの研究は経済学ではなく、法学、政治学を含む社会哲学へと移行していくことになる。著名な自生的秩序と自由主義についての『自由の条件』『法・立法・自由』では、理性に限界があるからこそ、人間は「ふるまいの社会的ルール」である法（ノモス）に従う必要があるのであり、ルールの範囲内で行為する自由な活動の結果として市場社会における自生的秩序が成立するという議論がクローズアップされてくる。

しかし、そうした一九六〇年以降の自由主義者ハイエクを理解するためには、一九三〇年代の経済学者ハイエクが行った社会主義経済批判をまず知らなければならない。なぜなら、社会主義経済計算論争におけるハイエクの議論こそ彼の自由主義論の出発点であり、その基礎であるからだ。

社会主義経済計算論争

社会主義経済の勃興・衰亡という現実の重みに匹敵する、今世紀の経済理論上の論争は、社会主義経済計算論争をおいてほかにはない。社会主義経済の存立可能性と実行可能性をめぐるこの論争の直接の対象は社会主義経済であるが、結局のところ市場経済の理解が論争における最大の争点になった事情から言えば、この論争は、市場経済と資本主義市場経済が——間接的ではあるが——より一層重要な対象であった。わたし自身、かつてこの論争を主題とする『市場像の系譜学』（一九九六年）を公刊したが、執筆過程で常に念頭にあったのは「社会主義経済はなぜ失敗したのか」「社会主義はなぜ脆弱だったのか」という問いの裏側にある「資本主義経済が持つ強い生命力の秘密はどこにあるのか」という問いであった。

この論争は、市場論、知識論から経済政策論、経済体制論などその関連領域が広いことから、いわば経済学の全体を俯瞰しうるような特別な位置を占めている。わたしたちが、二〇世紀の経済学の流れを回顧し、経済学があらたに取り組むべき今世紀の課題を展望するためには、避けて通れない論争だとも言えるであろう。

ロシア革命後の一九一九年、オーストリアのマルクス主義経済学者であるノイラートやバウアーらは、共通の価値単位がなくともすべての経済計算は現物でできるという考えを提示した。これに対してオーストリア学派のミーゼスが、「社会主義社会における経済計算」(一九二〇年)という論文でこうした見解を徹底的に批判する。こうして、社会主義経済計算論争の口火が切られることとなった。

この論争の背後の状況を見ておくと、一九二二年にソ連邦は成立し、その前年から市場を導入する新経済政策(NEP)が行われていたが、スターリンは一九二八年に第一次五カ年計画を実施し、重工業に重点をおく工業化と農業の集団化を推し進めた。そして、一九三〇年代に生産手段の国有化と中央集権的計画を特徴とするソ連型社会主義体制が確立する。これは、当時のマルクス主義者が考えていた典型的な社会主義像であり、ミーゼスやハイエクが批判の対象としたものであった。

ミーゼスの議論は、社会主義経済では経済計算が可能なのかどうかを問うことから出発して、合理的な経済計算を行うためには市場が絶対に必要だと主張するものである。この議論の前提には、経済とは非常に大規模で複雑なものだという認識がある。共同体的な部族社会ならばまだしも、一つの生産財を生産するのに様々な生産財を用いなければならないような高度に分業が発達した市場社会では、貨幣による一元的な価格評価がなければ費用・利益計算ができず、動態的な状況での資源配分や技術選択も困難になる。様々な生産財の価値は市場を通じて測らなければいけないのだから、貨幣なき実物的計画は不可能だとミーゼスは主張した。

ハイエクも、このミーゼスの考え方を基本的に受け継いでいる。市場社会とは「大きな社会」であるという、後のハイエクの見方にしてもそうである。ただし、批判のポイントがいくらか異なっている。ミーゼスは大規模な分業社会では貨幣評価は不可欠という視点から社会主義の論理的不可能性を説いた。しかるに、ハイエクは、イタリアのバローネの議論を受け、実際の市場を用いずに、一般均衡理論を応用することによって、すべての財の需要と供給を等しくする集産主義均衡価格を求めることはできるかどうかに議論の焦点を絞った。計画経済の論理的不可能性ではなく、実行可能性が問題となっているのである。

ハイエクにとって重要なのは、人間の根本条件は何かということであった。人間は猿に比べて遥かに高等な知性を持っているが、問題はそれがどの程度かという点にある。仮に人間が神のように万能であり、その理性に限界がないならば、社会主義的経済計画は可能であるだろう。だが、現実にはそうでない。そして、実際わたしたちは、人間の理性には大きな限界があるということを知っている。この「無知の知」はわたしたちが社会を編成する際、考慮しなければならない根本的な事実である。これが変わることがない以上、わたしたちは市場を使わざるを得ない。しかるに、理性の限界を認識せず、倣慢にも自らが万能であるとうぬぼれるとき、貨幣を廃棄して現物単位で経済を計画しうるという幻想が生じる。

ハイエクの社会主義批判の大筋は、このようになるだろう。ここでの「社会主義」とは、生産手段の公的所有と経済の集権的計画という二つをメルクマールとするソ連型国家社会主義を指している。

人間理性の限界

それでは、人間の根本条件である理性の限界とは何を意味するのか。ハイエクは、「真の個人主義と偽の個人主義」（一九四六年）で個人主義を二つに区分する。まず、それを見ておこう。

ハイエクがいう真の個人主義とは、「理性が人間の営みにおいて果たす役割を一般的にむしろ低く評価し、人間は部分的にのみ理性によって導かれるのであり、人間の個人的理性は極めて限定され、不完全であるという事実にもかかわらず、人間は現在もっているものを達成したという見解」（「真の個人主義と偽の個人主義」『個人主義と経済秩序』一二頁）である。それは「個人の知性の諸制限についての鋭い自覚が個々人を、彼らの知識を超えた偉大な事物の創造に参与させる、非人格的な無名の社会的諸過程に対する謙虚な態度を導く」（同上）ような、反合理主義的ないし批判的合理主義的な個人主義のことである。これは、ロックに始まり、マンデヴィル、ヒューム、スミス、バークなど一八世紀のイギリス思想家、特にスコットランド啓蒙思想家、一九世紀のフランスの政治思想家であるトクヴィル、イギリスの歴史家であるアクトン卿が唱えたものである。

これに対して、偽の個人主義とは、「大文字の理性がつねに完全にかつ平等にすべての人間に通用すると想定し、また人間が達成するすべてのことは個人の理性の支配の直接の結果であり、したがってその支配によるものであると想定する」（同上）見解であり、「個人の理性の力に過大な信頼を置き、その結果個人の理性によって意識的に設計されたものでないもの、もしくは十分に捉えられないものは何でもすべて軽蔑する」（同、九－一〇頁）合理主義的個人主義、あるいは、すべての個人間の意識的な契約を通じて社会が構成されるとみなす社会契約論的個人主義である。これは、近代合理主義の祖デカルト、啓蒙主義者であるルソーや百科全書派の唱える「個人主義」である。

ハイエクは、「一人の人間の知識と関心には本来的な限界がある、（……）すなわち、一人の人間は社会全体のほんの小さな一部分を知るだけでそれ以上のことはなし得ない、（……）彼が事実上関心を持つことができる人間の必要は社会のすべての構成員の中ではほとんど無視しうるほど小さな部分にすぎない」（同、一六頁）という「議論の余地のないひとつの知的な事実」（同、一七頁）から出発する。これは、個人が利己的であろうが、利他的であろうが関係ない。人間の才能と技術とは無限に多様であるので、その結果どの単一の個人も、社会の構成員の知識の大部分について無知である。よって、「理性は、ある人の貢献が他の人々によって評価され、修正されるというような人間相互間の過程である」（同上）。このように、真の個人主義に基づく自由主義は、社会制度を意識的設計の産物ではなく個人の行為の自生的秩序とみなす。

認知・計算・実行における限界

ハイエクの考える、人間理性の限界という問題を、社会主義経済計算論争に戻って考えてみよう。ここでは、人間理性の限界はより具体的に、すなわち、認知・計算・実行という三つのレベルに現れる。

計画経済では、中央計画局がすべての人々のニーズを満たしうる生産計画を立て、それに基づいて各産業や各工場に何をどれだけ生産すべきかを指令する。たとえば、あるTシャツに対する社会全体の需要がわかれば、それに一致する生産量をこのTシャツを生産する工場に割り当てればいい。だが、そのためには、全消費者からTシャツに対する注文を定期的に取って、それを集計しなければならない。もちろん、Tシャツといっても一種類だけではなく、材質やデザインごとに別の種類のTシャツであると考えなければならない。

もちろん、社会にはTシャツだけなく、膨大な数の財やサービスが存在する。ハイエクが参照したバローネによれば、生産技術や消費者選好などの関連データが完全に与えられれば、全商品の需要と供給を均衡させる価格と数量の組を求めることは可能である。すべての財に関して価格を変数とし、需要と供給を等しくするような方程式を立てれば、財の数だけの連立方程式系ができる。一定の条件を満たすとき、この連立方程式を計算により解ければ、均衡解としてある一つの財を価値尺度とする相対価格体系を得ることができるという。だが、ハイエクはこのような数学的解法は論理的には可能でも、人間にとって実行不可能であると論じた。なぜハイエクはそのように考えたのであろうか。現在のわたしたちの社会におきかえて、考えてみよう。

現在、コンビニ一店舗が取扱う商品数は約三〇〇〇種類であると言われている。各商品には商品情報を記録したバーコードが付いている。日本で標準化されたＪＡＮコードは一三桁で、そのうち七桁は会社、三桁はその会社の商品コードとなっているから、会社と商品コードを合わせて一〇桁で国内商品種類を表していることになる。これをすべて使えば最高一〇〇億種類になる。むろん、実際にはずっと少ないはずだ。いま仮に商品種類が一億であるとし、生産者である企業の数と消費者である国民の数の合計を一億とすると、計算による経済計画の策定には、一億種類の財に関する一億主体からの供給と需要を知る必要がある。そんな大量のデータを収集し、一か所に集約することは果たして可能なのだろうか。

一億種類の財と一億の主体は日本中にバラバラに存在しているから、それらに関する知識も分散して存在することになる。それらすべてを中央計画局へ集めることが仮に不可能でないにしても、その労力は途方もないものであろうと想像できる。これは、大規模で分業が進んだ経済では、その経済運営に必要な情報もあちこちに分散しているということを意味する。

ある生産過程でどういう技術を使っているかは、現場の監督や労働者は知っていても、同じ会社の社長や株主すら知らないだろう。それなのに、そうした知識をすべて中央計画局に集約するには無理がある。情報はいまどこかに存在していても空間的に分散しているので、どのような個人や組織も情報収集能力と認識能力の限界のためにそのわずかな部分しか知り得ない。それを個人や組織の視点から見れば、原理的には知りうるのに、実際的には知り得ないという「無知」のかたちを取る。これを「知識の空間的分散性に基づく無知」と呼んでおこう。

だが、実は問題はもっと根本的なところにある。消費者は、来月必要なTシャツの需要量をいま知ることができるだろうか。転んでTシャツを破ってしまったというようなハプニングが生じ、急に新しいTシャツが入用になるかもしれない。こうした事態が生じる可能性は必ず存在するので、現時点で将来の需要を正確に予想することはできない。しかし、こうした事故の発生確率を確率的に予測することができるならば、これは保険制度により対処することができる「リスクに関する無知」である。

では、一週間後の夕食で自分が何を食べたいかを自分は知っているのだろうか。知らないであろう。そもそも、いま何を食べたいかも不明確なのではないか。人の欲望は必ずしも固定的なものでも明確なものでもなく、むしろ流動的で潜在的なものである。スーパーの店先で食材の新鮮さや安さによって夕食のメニューが決まることはよくあるし、現場の労働者の長年の経験とそれにより培われたカンやコツを含めた技能によって生産活動は担われ、生産技術も日々改良されている。また、技能や熟練には、どうやればいいかは知っているが、それを言葉で人にうまく伝えられない「暗黙知」としてのみ存在するものも多い。

ハンガリーの哲学者マイケル・ポランニーは、自動車や自転車の運転、泳ぎ方、楽器の演奏、人相や表情の読み取り、杖などの道具の使用など、人間の認知・行為の中に「暗黙知の次元」が広がっているものの、それを言語的に表現することはできないと説明している。また、イギリスの哲学者ギルバート・ライルは、論述内容に関する「である」の知識（knowing that）と遂行方法に関する「いかにして」の知識（knowing how）を区別したが、後者が「暗黙知」に相当する。

したがって、技術や嗜好という客観的とも思える知識の中にも、実は暗黙的な次元が存在しているはずである。そして、技術や嗜好は時々刻々と変化するものであり、それらに関する情報を「与件」として事前に入手することは原理的に困難である。かくして「知識の潜在性・暗黙性に基づく無知」の問題が浮かび上がってくる。

このように、無知には様々な種類があるが、それに収まりきらないものもある。イノベーションにより登場する新商品、新技術は現時点では存在していないが、それらを確率的に予測することもできない。いつどういう技術や商品が「新奇性」として表れるかについては、何の知識も持ち得ないのだから、生起確率も原理的に定義できない。このように、いったい何が起きるかもわからないような場合、事象の分類と特定ができないから、統計的に発生確率を計算するための確率分布を想定したりすることもできない。確率的事象とはいえないこの場合は「ラディカルな（根源的な）不確実性」と呼ばれており、シカゴ学派の創始者であるアメリカの経済学者フランク・ナイトが強調したため「ナイトの不確実性」とも言われている。そうした克服不可能な根源的な「無知」はむしろ「未知」と呼ぶ方が正しいであろう。

次に、企業は利潤を最大化する、消費者は効用を最大化するという、新古典派理論の最適化に関する仮定は現実に満たされるかどうかも考えてみよう。わたしたちがコンビニで一〇〇〇円分の買い物をするとして、三〇〇〇種類もある商品から自分が最も満足する組み合わせを購入することなど果たして可能であろうか。わたしたちが頭の中で最適化計算を行っているなら、コンビニの中で何時間も考え続けることになるではないか。むしろ、一定の満足度を超える組み合わせを選択したら、それ以上探索をやめるのではないか。だとすれば、わたしたちは、消費において「最適化」ではなく「満足化」を追求しているのである。

最後に、仮にすべての情報が集められたとしてみよう。中央計画局はそれに基づいて均衡価格の計算を行わなければならない。机上の計算は論理的に可能だが、財の数が膨大なので、計算量は実用には適さないほどのものになるであろう。そして、もし仮にスーパーコンピュータによってその価格が算出されたとしても、それに基づいて指令を出して、各工場単位、あるいは生産過程の単位毎に生産を実行させなければいけない。

さらに、組織における人々には、創意工夫や革新に努めるか、自分に都合のいいように嘘や誤魔化しをしないための条件は何かなど、いくつものインセンティブの問題も存在している。また、指令通りに人々が動くための規律の維持、さらには階層型組織における権威主義と官僚制の腐敗という問題もある。

こうした様々な思考実験をしてみれば、結局、認知・計算・実行という三つのレベルで人間には限界があることは歴然としている。ハイエクはこのうち初めの認知の限界を特に「無知」と呼び、彼の社会主義批判の中心に据えた。そして、この無知の偏在性を強調することによって、神のような全知全能性の仮定を批判する。彼は、社会主義的計画が合理主義哲学や啓蒙思想と同じく、遅かれ早かれ人間の全知全能性を仮定し、それに基づいて経済計画が可能だと考えてしまう誤りを犯してしまうことを鋭く批判したのである。

ランゲの市場社会主義論

ハイエクの一九三五年の編著における計画経済批判に対しては、社会主義陣営の側から反論が行われた。その際、反論者が擁護する社会主義経済は、集権的計画経済から分権的な市場社会主義へと次第に変化していった。しかし、「分権的市場」とは言っても、実際の市場を導入するのではなく、擬似的市場を構成して利用することで中央計画局による計画を試行錯誤的なシミュレーションで代行できるというモデルである。

その論者として有名なのが、オスカー・ランゲというポーランドの経済学者と、ロシア生まれのアバ・P・ラーナーというLSEでのハイエクの同僚の二人の経済学者による「ランゲ＝ラーナー・モデル」というものである。

ランゲやラーナーは、マルクスや社会主義にも造詣は深かったが、一般均衡理論を研究するいわゆる近代経済学者でもあった。ランゲやラーナーは、当時の経済学の最新理論であった一般均衡理論を使うことにより、社会主義経済を擁護するという極めて巧みな戦略を使った。こうして、新古典派を社会主義擁護派に引き入れたのである。彼らは、ミーゼスやハイエクが考えていた市場の捉え方を受け入れ、市場は希少財や生産資源を配分するシステムであるという前提を認めたうえで、市場を模倣すれば計画的配分は人為的に実行できると主張したわけである。

ここで面白いのはマルクス経済学者だけではなく、彼らのような近代経済学者も社会主義を擁護していたということである。これは、当時は社会主義がかなり広く浸透しており、ミーゼスやハイエクなど社会主義批判者がむしろ少数であったことを物語っている。実際、この論争では、ランゲやラーナーがミーゼスやハイエクを論破したと、近年まで言われてきたのである。これをひっくり返したのが現代オーストリア学派の人々の議論である。

なかでも、ドン・ラヴォアが一九八五年に出版した『ライバル競争と中央計画――社会主義経済計算論争再考』で、ハイエクのいう「競争」を「ライバル競争」という語で表すことで、新古典派理論の「完全競争」といかに違うかを示すことによって、二つの市場理論の違いを明確に説明したのであった。

ランゲは、「社会主義経済理論について」(一九三六―三七年)という論文で、中央計画局が公有化された生産財にシャドウ・プライス(陰の価格)を設定し、超過需要にある財の価格を上げ、超過供給にある財の価格を下げ、すべての財の需要と供給が一致するまで、シャドウ・プライスの体系を試行錯誤的に変化させれば、最後に一般均衡価格が得られることを論証した。いわば、仮想的存在であった一般均衡理論における「競り人」を実在化させ、その役割を中央計画局に担わせることで、一般均衡理論のオークション型市場を模倣できることを示したのであった。

ランゲ以前のモデルでは、中央計画の編成のためにすべて情報を中央計画局に集約して紙のうえで計算しなければならず、中央計画局にとって情報収集と計算という両面でかなり重い負担が課せられていた。しかし、中央計画局が競り人として価格を動かしさえすれば、市場を模倣できるので、経済計画を実行するうえで問題とされた人間理性の限界を克服できるということを明確に示したわけである。

ランゲは、一般均衡理論は資本主義の競争的市場経済ではなくて、むしろ理想的な市場社会主義経済を描いていると信じていた。市場社会主義は、社会的厚生を最大にするよう所得分配を決定できる外部効果、規模の経済、公共財における「市場の失敗」を克服できるなど、競争的市場経済の欠点を除去しうるから優れていると述べている。

ランゲの議論のもう一つの重要なポイントは、高速の電子計算機、今で言うコンピュータに関わってくる。膨大な情報を処理し計算で答えを出すのは人間にとっては無理だが、コンピュータなら可能だろうと考えられる。たとえて言えば、人間は空を飛ぶことはできないが、鳥を見て飛行機を作る能力を持っている。したがって、飛行機を作ってそれを操縦すれば空を飛べる。同様に、人間の認知・計算能力に限界があっても、人間が製造するコンピュータがそういう限界を克服してくれれば、合理的経済計算が実行可能になる、という議論を展開したわけである。しかし、当時は人間が作ったデジタル・コンピュータはなかったので、仕方なく天然のアナログ・コンピュータとして利用している市場メカニズムの計算方法を中央計画局が模倣すればよい、というのがランゲの市場社会主義論なのである。

ランゲは後に「コンピュータと市場」（一九六七年）という論文を出しているが、その時には既にコンピュータは存在していた。だから、そこでランゲは、「連立方程式をエレクトリック・コンピュータに打ち込めば、瞬時に解を得るだろう。（……）市場は連立方程式体系を解くための自然により与えられたコンピュータであると考えられる」（Lange, pp.191-192）と述べている。

世界初の実用コンピュータが何かについては諸説がある。その中で最も有力なのは、第二次世界大戦後の一九四六年に開発されたアメリカのＥＮＩＡＣである。したがって、ランゲが論文を書いた一九三六年当時はまだ実用コンピュータは存在していなかったことになる。にもかかわらず、大規模な経済運営に対して、コンピュータを使えば市場は必要ないのではないかという議論が既になされていたのである。現在であれば、ＰＯＳシステムやインターネットがあるので、単体のコンピュータではなく、コンピュータ・ネットワークが市場メカニズムを代替する可能性は以前に比べればずっと増大しているはずである。

ハイエクの「無知」の克服がこうしたコンピュータ・ネットワークの技術的利用により可能になるのかどうかという問題は、社会主義経済の存立可能性に深く関連しているのである。その意味で、この論争はまだ現代においても続いていると言えよう。

知識の「分散性」と「暗黙性」から生じる「無知」

ただし、問題の核心は、技術で解決できるほど単純なものではない。情報転送量の大量化や計算の高速化さえ実現できれば、「無知」が克服できるというのであれば、問題の解決はコンピュータの技術進歩次第ということになる。しかし、既に述べたように、情報転送や計算の前にどうやって技術や嗜好に関する情報を収集するかが一番の問題であった。「収集」とは、既存の情報を集めるという意味になるが、情報は「既にある」と言えるのか、暗黙知のような情報は言語で書き下すことができるのかということがより根本的な問題であったのである。

人間の欲望は予め頭の中に「ある」のではない。わたしたちは物を自分の目で見てからしかそれを欲しいと感じないことが多い。そういう意味で、人間の欲望そのものが非常にあやふやで曖昧であり、外部からの刺激や社会的関係によって形成される側面がある。

この問題はまたイノベーションにも関係している。いまの資本主義経済では消費者が欲しいと思うものが新商品として開発されるのではなく、供給者が開発した新製品や新商品が市場に突然投入されることで人々の欲望を喚起し、その商品を買うかどうかにより、それが受け入れられるかどうかが判定される場合が多い。マーケティング活動などを利用して漠然とした欲望を予期して新商品を開発し、新商品への欲望を広告やコマーシャルによって刺激していくことにより、市場で需要を創造している。したがって、イノベーションでは、欲望や需要を最初から明示的に示すことはできないのである。

このように、経済計算問題の前提として、生産関数における技術や需要関数における選好に関するデータが与件として存在する、と素朴に考えることは正しくないと言える。人間の知識は、確かに社会の中に存在するのだが、様々な場所や人の中にバラバラに存在しているので「収集」するのが困難である。こうした知織の「分散性」ないし「局所性」の問題がまずある。

そして、さらにより根本的には、知識自体がぼんやりとして不明瞭、言葉で表せず暗默的といった、知識の「不明瞭性」ないし「暗默性」という問題が横たわっている。ハイエクは「ある時と場所における特定の状況についての知識」が重要であるとしばしば述べている。これは、明確に整理され体系化されている科学的知識や技術的知識と対比するために使われており、知識の分散性のみならず、いま見たような知識の暗默性をも表しているのである。

ハイエクの計画経済批判は、人間理性への過信の批判というかたちを取ることで、人間の「無知」をいかに認識し、それにいかに対処するかという問題を突きつけた。それに対するランゲの市場社会主義論は、経済主体の最適化原理を前提とする一般均衡理論を利用するという点でも、また現実の市場をそうした配分機能を果たす計算機械とみなすという点でも、デカルト的合理主義、ハイエクの言う偽の個人主義の立場からの強力な反論であったと言える。ハイエクはそれに再反論を行う過程で、批判の重点を変化させずにはいられなかった。その結果、無知の根拠が「知識の分散性」から「知識の暗黙性」へと移って行き、それに伴って、市場の機能も「情報伝達システム」から「知識の発見過程としての競争」へと焦点が移動していったのである。ハイエク自身がこのことをどの程度意識していたかはわからないが、端から見る限りでは、ハイエクの市場像は意図せざる結果として徐々に「進化」していったといわざるを得ないのである。

市場社会主義論の欠点

ランゲやラーナーが提唱した市場社会主義が実行可能であることの論拠は、当時の主流派経済学の一般均衡理論の中に存在していた。市場社会主義論は一九三〇年代に出てきたので、両者はパラレルに発展していった。その意味で、両者は相互に支え合いながら発展した。別の表現を使えば、「共進化」したと言えよう。

一般均衡理論の基本的な前提条件は、先に述べたように、市場を希少財の効率的配分のための価格メカニズムと考える市場像と、技術や嗜好に関する情報と初期の資源配分の与件性にある（「市場の希少性定義」）。与件とされたデータを前提にして、需要関数や供給関数が希少性に関するある一定の条件を満たせば、すべての経済主体の厚生が現状より良くなるか、せいぜい悪くはならないような効率的な資源配分を可能にする価格の組が存在し、その均衡解が安定であることが示せる。ここで満たされるべき条件とは、先に見た「市場の完全競争条件」のことである。

要するに、市場における価格調整が伸縮的であるなら、すべての経済主体が最初と同じか、それよりも大きな満足を得られる結果に達することができるという意味で、市場メカニズムの効率性が示されたというわけである。これを、一般均衡理論の創始者ワルラスの弟子であるイタリアの経済学者パレートにちなんで、「パレート効率性」という。

市場社会主義の場合、実行上で最も問題となるのは、既に述べた「知識の暗黙性」の問題と誘因両立性の問題である。誘因両立性の問題とは、利潤という誘因を欠くランゲの試行錯誤的なシュミレーションでは、生産者が嘘の申告を行うことで価格情報を歪めてしまう可能性があるという問題である。これは、ハンガリーの有名な経済学者コルナイが指摘した「ソフトな予算制約」という問題と同じである。国営企業の場合、不効率な経営を行って大きな債務超過に陥っても、国家による温情主義的な救済策によって存続しうるので、コスト意識と競争意識を失ってしまい、「モラル・ハザード」が起き、結果として非効率性が蔓延することになる。これは保険におけるモラル・ハザードと同じである。保険に加入すると、損害が補償されるので事故が増えたり、そもそも事故を起こしやすい人ばかりが保険に加入するというようなことである。こうした現象は、旧社会主義国でもかなり広範囲に見られたものであり、市場社会主義論の欠点の一つとされている。しかし、これは日本の不良債権処理や世界金融危機の時には、金融機関の救済というかたちで資本主義下でも起きることをわたしたちはいまや知っている。

もう一つの論点は、そもそも市場とは何なのか、という問題に関わる。一般均衡理論的な市場像では、市場とは効率的な資源配分を可能にする均衡価格の計算装置であると考えられている。先に見た「市場の希少性定義」と同じである。これは、市場を功利主義の立場から機械論的に理解する見解であるが、ハイエクはもっと広い視点で市場を見ている。ハイエクは、一方で、市場を効率的な情報伝達システムであると捉えている。他方、知識の裏側にある無知の問題を強く意識する場合には、市場を個人の無知を社会的に克服するために必要な制度とみなしている。

つまり、ハイエクによれば、市場は効率性達成を目的とする価格計算装置ではなく、ルールを前提とする情報伝達のための社会制度なのである。ただし、「情報の伝達」が「無知の克服」を意味しているときには、情報伝達の「効率性」という意味は含まれなくなる。この点から見ると、ハイエクは完全ではないものの、「市場の希少性定義」から「市場の再生産定義」にシフトしているのである。こうした社会的制度としての市場が経済社会のあり方を根底的に規定するのである。

ハイエクは、一九三七年の有名な論文『経済学と知識』、そして一九四五年の『社会における知識の利用』で、市場という情報伝達システムの利用によって知識の分業（分知 = division of knowledge）が達成されると説明した。アダム・スミスが『諸国民の富』で、市場を社会的な分業（division of labour）を促す仕組みであるという見方を提示したとすれば、ハイエクは市場を、分散化された知識をうまく集約して伝達・流通する仕組みとして捉えたと言える。

だが、一般均衡理論における財配分システムという市場像と、ハイエクによる情報伝達システムという市場像は、市場の機能をそれぞれ財配分ないし情報伝達というように別々に捉えているものの、両者とも「効率性」という視点でそうした市場の機能を評価するという点で似ている。言い換えれば、両者には、市場を特定の目的を果たすための効率的な道具であるとみなす点では根本的対立がないのである。この時点のハイエクは、いまだに「市場の希少性定義」の枠内にいる。ただ、その対象が希少な財から希少な情報へと変わっただけである。事実、ハイエクのこの見解は一般均衡理論を理論的に反駁するものとはなっていない。そのことは、一般均衡理論の流れを汲んだ情報経済学が、ハイエクの情報伝達システムとしての市場という見方を基本的に継承していることからも明らかである。ハイエクの情報伝達システムという見方は「知識の分散性」に基づく無知や分知の克服という問題を含んでいるものの、ハイエクがその後さらに考察した「知識の暗黙性」に基づく無知の克服、すなわち、これまでに存在しない新たな知識が発見されるイノベーションという問題を含んでいないのである。したがって、ハイエクの情報伝達システムという市場像は、ランゲたちの市場社会主義論への根本的な批判を構成するものにはなっていない。これは微妙であるが、理論的には非常に重要な論点なのである。

ハイエクの一般均衡理論批判

社会主義経済計算論争への参加後、ハイエクはさらに市場社会主義論を批判するために、それを支える一般均衡理論そのものを批判することへと向かう。一般均衡理論を批判するということは、当時の経済学の主流を批判することを意味する。

ハイエク自身がどこまで意識していたかはわからないが、それは社会主義経済批判から新古典派経済学批判という道をたどった。それは、逆方向であるとはいえ、マルクスが資本主義経済批判から古典派経済学批判に向かったことに似ている。

ハイエクが批判する"constructivism"は、一般に「設計主義」と訳されている。わたしは、これは適切な訳語ではなく「構成主義」ないし「構築主義」に変えたほうがいいと考えている。これでは、いかなる設計（デザイン）も批判の対象になってしまうからである。たしかに、ハイエクは人為的な設計を嫌った思想家であったが、だからといって、設計という概念を完全に捨て去り自由放任主義でよいと考えたわけでもない。実際、ハイエクの商品準備貨幣や貨幣の非国有化論は、自由を広げ競争を促進することをめざした制度設計の提案であるのだから、それこそまさに「設計主義」ではないかと批判されかねない。しかし、ハイエクは次のように言っている。「自由主義者の社会に対する態度は、樹木を育てる庭師のようなものであって、樹木の成長に最も適する条件を作りだすためには、樹木の構造とその機能の仕方について、できるだけ多くのことを知る必要がある」（『隷従への道』二五頁）。「庭師」がインフレーションや独占を防止するため、「貨幣制度の操縦、独占の防止または統制などの多くの明白な任務」を遂行するというのならば、それらは、「樹木の成長に最も適する条件を作りだす」ための人為選択に相当しよう。つまり、ハイエクは進化論的な制度設計を是認しているのである。

ハイエクが批判しているのは、あくまで現在の社会や制度をすべてぶっ壊して、何らかの基準に従ってゼロから一気に新たな社会や制度を構築しようとする場合の契約論的・啓蒙主義的な構築主義である。すなわち問題は、「設計（design）」ではなく「構築（construction）」にあるのだ。たとえば、現実の市場に見られる非効率性や不安定性を無くすために、それを一気にひっくり返して計画経済によって実現しようというような革命思想こそ、この構築主義を背景として出てくる点を批判しているのである。したがって、すべてを一旦ぶっ壊して作り直すことを標榜するような構造改革思想は、全く反ハイエク的な構築主義に基づくものであることがわかる。

ハイエクの考える「競争」

現時点から見ると、一般均衡理論を批判する論点は二つある。

一つは、市場をどう捉えるかに関わり、もう一つは、貨幣をどう捉えるのかに関わる。これらは、現代において新古典派経済学のハードコアをどう理解し、それをどう批判するかという問題であると言えよう。

現実には、貨幣なき市場というものは存在しない。だから、市場と貨幣は同時に問題にしなければならないはずである。にもかかわらず、一般均衡理論は、任意の財が価値尺度になりうると考えているだけであって、売買で使われる流通手段としての貨幣の役割を全く考えていない。いわば貨幣なき市場という現実にはありえない理念＝理想を扱っているのである。ハイエクは初期の貨幣的景気理論や晩期の貨幣の非国有化論では貨幣を扱ったにもかかわらず、社会主義批判や一般均衡理論批判の論脈では、貨幣を陽表的には扱わず、市場を主な考察対象としている。ハイエクは市場理論という枠内で一般均衡理論を批判し、それを超えようとしたのだということにまず注意が必要である。

ハイエクは、一九四六年に論文「競争の意味」を書き、さらにそれを洗練した議論として、一九六八年に「発見的手続きとしての競争」という論文を発表している。この一連の論考の中で述べているのは、暗黙知や未知を新たに発見する手続きこそが競争であり、したがって、そうした手続きを経て知識が発見され、それが経済主体の間で相互に伝達される全過程が市場であるということである。

まず、ハイエクは、一般均衡理論の市場は非常に静態的で動態過程を含まないと批判する。そうした狭い捉え方をするがゆえに、市場を計画経済に置き換えることが可能であるかのような市場社会主義論が生まれる。しかし、市場の捉え方をもっと広げるならば、計画経済で代替可能なものはあくまで市場の一部分でしかなく、置き換えられない部分が多く残ることを認識しうるはずである。そして、市場のうち計画で置き換えられない部分こそ、まさに、市場の最も重要で不可欠な部分なのである。その中で重要な論点の一つが、先述の「知識の暗黙性」である。

「知識の暗黙性」に基づく無知を市場はどうやって克服しているのか。一般均衡理論では「知識の暗黙性」の存在を初めから認めていないのだから、そのような問題はないか、あるとしても重要ではないと考えられているはずである。ハイエクは、それと異なり、競争を「知識の暗黙性」を掘り出し、知識として発見する過程と捉える。

ここでの「競争」は、一般均衡理論の「完全競争」とは全く異なる意味を持っていることに注意しよう。これは、先に「市場の完全競争条件」と述べたものである。ハイエクによれば、「完全競争」は、その言葉にもかかわらず、競争の不在を意味する。なぜなら、それは経済活動が完全に調整されており、外的攪乱がなければ何も起こらない静態的状況を表しているからである。

ハイエクの言う「競争」は動態的過程を表し、先述したドン・ラヴォアが「ライバル競争」という語で表そうとしたものである。それは、多数の主体が目的と動機において相対立し、その実現のために一定の資源をめぐって競合しており、相互の意思決定が両立しないことから対抗性や敵対性が生じる事態を意味する。

一般均衡理論が想定するオークション型市場では、競り人がすべての財・サービスの市場で需要と供給が一致するようにすべての価格を調整した後、すべての経済主体が一斉にすべての交換取引を行うと仮定している。したがって、最終的には何の対立や敵対も生じずに、すべての取引が一か所であたかも物々交換のように同時に行われることになる。したがって、そうした状況設定の市場においては、ハイエクのいう「競争」あるいはラヴォアの言う「ライバル競争」は生じないのである。

「競争」が生じる市場とは

では、一般均衡理論の想定する市場ではだめだとして、いったいどのような市場においてなら、そのような競争が生じるかを具体的に考えなければならない。完全競争に対して、不完全競争、たとえば、少数の供給者がいる供給寡占や類似的代替品を供給する独占的競争というような状況を想定すればいいのだろうか。ハイエクは論文「競争の意味」で、独占的競争に近い議論を展開しているものの、どちらかと言えば、市場の果たしている役割や機能について抽象的な議論にとどまっており、どういう市場を想定しているかは明確ではない。

したがって、ハイエクの議論を補う必要がある。複数の企業が製品差別化により、類似的代替品を提供している独占的競争という市場形態は極めて一般的な状況である。しかし、こうしたオークション型ではない不完全競争市場は、もはや貨幣なき市場ではない。貨幣が存在し、商品を持つ売り手と貨幣を持つ買い手に分けられた市場になっている。問題はこうした競争状況を「完全競争」に対して「不完全競争」と呼び、それが「完全」ではないがゆえに、市場としては望ましさにおいて「完全市場」より劣るとする議論の意味付けであり、文脈なのである。

二人以上の主体が商品だけでなく、貨幣をストックとして持っている状況から出発し、その貨幣保有者が買い手として貨幣を支払い、売り手の商品を受け取るという売買取引が貨幣の流通とともに繰り返されるような状況を考えよう。より多くの主体が貨幣を持っていれば、様々な場所や時間でそうした相対取引が個々バラバラに行われうるであろう。市場とは、貨幣による売買取引の連鎖ないしネットワークとしてしか把握できない。このようなネットワーク型市場をここでは「分散型市場」と呼ぼう。こうした分散型市場では、ライバル競争が知識の発見手続きとして理解され、競争の結果として達成されるのは静態的均衡ではなく自生的秩序となる。

財の希少性や種類、技術や嗜好といった一般均衡理論で「所与」とされた情報や知識はライバル競争過程の中ですべて時々刻々と「発見」されなければならないのである。つまり、こうした市場過程において初めて、知識の暗黙性や不明瞭性が全面的に主題化される。こうして、ライバル競争は、それらが明示化され明瞭化される知識の発見過程ないし発見手続きという意味を持ってくるのである。

もっとも、知識の発見過程としての競争にはいろいろな解釈がありうる。オーストリア学派の経済学者イスラエル・カーズナーは、企業家が備えるべき「機敏さ」という観点から、企業家が機敏に利ざや機会を見つけ、「安く買って高く売る」という裁定取引を行うことによって、市場の均衡化を促進すると解釈している。しかし、それは知識の発見過程を一般均衡へ収束するまでの一時的、経過的不均衡として理解することにほかならない。

また、「無知」自体もそうした機敏さで直ちに除去できる明示知に限定されている。だが、ハイエクの考える市場では、「均衡」や「状態」ではなく、「秩序」や「過程」を強調し、知識の絶えざる発見過程が発散も収束もせずに一定の領域で永続的に運動し続ける動的過程を想定していた。ハイエクのいう市場における発見過程とは、技術や嗜好に関する明示的情報の集合を絶えず拡大しながら、新奇性・多様性を創出し続けることである。たとえば、いままで何の役にも立たないと思われていた廃品がリサイクル可能であることが発見され、それが一定の価格で回収されるようになることや、「現場の人」が経験的に身につけたカンやコツが小さな新技術として掘り起こされることは、R&D（研究開発）を通じて新製品が生み出され市場へ投入される過程と同様、知識の発見過程である。知識の発見過程とは、大きいものから小さいものまであるにせよ、すべて新技術や新商品を生み出すイノベーションとして理解することもできる。

ハイエクとちょうど同時並行的に、オーストリアの経済学者であるシュンペーターが活躍したが、ハイエクの知識の発見過程の理論は、イノベーションを中心概念とするシュンペーターの経済学とこの面においては親近性がある。シュンペーターは、イノベーションを「創造的破壊」や「新結合」として捉え、それが資本主義の本性的な動態性を特徴づけると主張した。シュンペーターは大規模なイノベーションの群生が長期波動を形成するメカニズムに注目したが、ハイエクはより局所的で小さな無数のイノベーションが動的秩序を形成することに注目した。ハイエクが強調しているのは、シュンペーターとは異なり、日々の小さな熟練や品質改善を引き出すことができる市場の力である。

こうしてみると、市場は多様な意味と機能を担う制度として理解すべきであることがわかる。市場は、ハイエクやシュンペーターが言うように、暗黙知や未知を認識・伝達可能な明示知として多種多様に創出する「未知の知への変換機（コンバータ）」あるいは「新奇性・多様性の発生機（ジェネレータ）」であると同時に、カーズナーが言うような、多様な知識の有用性や希少性が競争を通じて発見され、市場を通じて伝達される「無知の知への変換機」でもあるのである。

自由の意味

一九八八年、経済学者ブルース・コールドウェルが「ハイエクの転換」という論文を発表して以来、ハイエクは、重要な節目で大きく思想を変化させてきたと議論されるようになってきた。

まず、コールドウェルによれば、一九三七年に発表した「経済学と知識」が知識を経済学の対象とするアプローチへの大きな転換点である。また、スティーブ・フリートウッドによれば、さらにもう一つ、一九六〇年に第二の転換点がある。ハイエクは、無知と不確実性を克服する社会経済秩序を考察するために、「情報伝達システム」としての市場を補完する「ふるまいの社会的ルール」(social rule of conduct) という深層構造の実在を認めて、それを経済学の対象に据えうるような哲学的立場へと移行したと、フリートウッドは論じている。実際に、ハイエクは一九六〇年に『自由の条件』という三巻本を発表しているが、一般にこれは経済学の書物とは考えられておらず、これ以降ハイエクは政治哲学に向かったと言われている。こうして、ハイエクは三つの時期に分けられ、ハイエクⅠ、Ⅱ、Ⅲと呼ばれる。

だが、ハイエクの思想の根底には、それ以前の経済学的な問題意識が一貫して保たれており、むしろ一般均衡理論が主流になっていた一九五〇—六〇年代当時の経済学の枠組みでは狭すぎると考えたからこそ、ハイエクは経済学の枠を広げ、社会経済学とでもいうべき分野を開拓し始めたのではないだろうか。

こうした問題意識の広がりの中で、ハイエクの「自由」をどう考えるかという問題が重要になってくる。

一般均衡理論が考えている経済主体は「経済人」である。それは、既に説明したように、財の数がいかに多くとも、価格が与えられていれば、予算制約の下で効用を最大化する合理的主体として想定されている。そして、そこでは最善の選択を行うことが自由だと考えられている。しかし、実際には、財の数がコンビニの品数三〇〇〇どころか、わずかに八〇を超えると、最大化計算に必要な時間は宇宙開闢《かいびゃく》以来の時間を超えてしまうので、途端に不自由になってしまう。したがって、そのような自由は架空のものでしかない。

最適化計算が事実上不可能であるならば、合理性に限界がある経済主体の意思決定や行為をいかにモデル化するかが問われる。近年発展してきた進化経済学や複雑系経済学では、実在する主体がルールや慣習に従い、一定のルーティンや定形行動を行うような限定合理的な主体を仮定する。そうした経済主体がいかに相互作用して、一定の秩序を自己組織的に形成するかを考えようとする点で、ハイエクの思想に近い。

消極的な自由

「自由」の意味について考えるには、ハイエクが提起した「無知」や「反合理性」という視点に戻らなければならない。「無知」であるならばどう振る舞うかを問題にし、「ふるまいの社会的ルール」について論及し始めるのは、一九六〇年以後のハイエクⅢである。ハイエクは、次のように考えた。

人間は無知だから、自分の頭だけで考えて合理的な行動を取ろうと思ってもうまくいかない。だから、「ふるまいの社会的ルール」を遵守することで無知が引き起こす種々の厄災を回避するとともに、動機や利害の点で衝突することなく、多数の個人の行為が相互調整されて秩序を維持することができる。そうした安定的な自生的秩序が生まれた結果、人間はその内部においてルールが許す一定の自由を確保する。人間はルールに従ったうえで実際にどう振る舞うかに関して自由が与えられている。ルールは禁止というかたちでわたしたちの行為の限界を画するが、逆に言えば、それはルールによって自由の領域を画していると見ることもできる。つまり、無知であるがゆえにルールが必要で、その中でこそ自由が生じる、という議論になっている。これがハイエクの議論のもう一つのコアである。

既に述べたように、ハイエクは個人の無知を克服するためにこそ、「ふるまいの社会的ルール」が必要であるので、そうした社会的ルールによって画された領域に人間の自由があると考えている。したがって、自由とはルールがない無政府状態を意味するものではなく、ルールにより形成される秩序の中にあって、そのルール以外の一切の強制を受けない状態を意味する。したがって、それは何かを実現することを目的とする「積極的な自由」ではなく、ルール以外の権威や抑圧から逃れる「消極的な自由」なのである。

既に見たように、ハイエクにとって社会主義の最大の問題は、積極的な自由を掲げながら、全体主義の亜種としてむしろ人間の自由を抑圧するところにある。積極的な自由を標榜する一党独裁や独裁者が悪意的な権力を行使する社会は最も忌むべきものである。

ルールの実在性

だが、「ふるまいの社会的ルール」と言っても、伝統、慣習からマナー、道徳、組織、制度や法まで様々なものが含まれている。そうすると、経済学だけではなく、政治学や倫理学、道徳や哲学などを分野横断的に議論できる素地ができる。一九六〇年以降ハイエクの議論の幅はこうして広がっていった。

では、いま述べたルールとは、いったい全体どこに存在しているのであろうか。つまり、ルールの存在論的ステータスが問題となる。ルールがあると言っても、すべてが条文に書かれているわけではない。仮に法律のように明文化されていたとしても、それを人間が理解して、自らのモラルな価値観として内面化して初めて、そうしたルールが実際のふるまいの規則性やパターンを形成することができる。社会的なルールは確かに存在しているが、それはモノのように主体の外部に自存しているだけではない。たとえば、それはわたしたちの内部に、わたしたちの「心」より正確にはわたしたちの「脳」の中にもパターンとして存在しているはずだ。一九六〇年代以前のハイエクⅡは経験的な事象（event）と行為（action）しか実在と認めていなかったが、やがて彼は観念、態度、意味、記述、信念、見解などを含む想念（conception）、とりわけ、社会的ルールの実在性を認めるようになった。ルールは規則的パターンを導くこともそうでないこともあるが、そうした結果に関わりなく、超事実的に抽象的・一般的・規定的なものとして存在し続ける。要するに、社会的なルールや制度一般を、わたしたちが認識するしないにかかわりなく実在として認めるか否かに大きな違いがある。

市場は脳か、人為的産物か

こうしたハイエクの認識の変容を受けて、最近では、彼の市場像を人間の認知メカニズムなどに適用しようとする研究も進んでいる。人間の脳がニューロン・ネットワークであるのと同様、市場も貨幣を媒介とする人間のネットワークである。脳は、ニューロン単体ではなく、ニューラル・ネットワーク全体の発火パターンにより極めて複雑な情報処理を行い、外的事象等を認知している。市場でニューロンに相当するのは個人であるから、個人が単独では認知できないものも、市場を通じたネットワークによって社会全体として認知していると見ることができるというものである。ハイエク自身も、「感覚秩序」と「市場秩序」(カタラクシー)を「自生的秩序」として類比的に考えていた。つまり、市場は人間の脳にたとえられるのである。

他方、一般均衡理論や新古典派経済学は、市場を人為的設計の産物であるコンピュータにたとえる。ハイエクは、市場社会主義論が主張したように市場秩序をコンピュータで置換することはできないと考えていた。コンピュータは人間の脳に遠く及ばない。現在の最新のコンピュータも人間の脳と同じ働きを完全には実現できていないからである。脳を人工的に構築するには、脳の機能を完全に解明する必要がある。それと同様に、市場を人工的に構築するには、市場の機能を完全に理解する必要がある。

ハイエクの自由論や政治思想の背後には、このようなネットワークのメタファーとしての市場像、社会観、人間観が存在している。その意味で、ハイエクの自由とは、内面の自由というよりは、ネットワークやリンクの自由を意味していることがわかる。ハイエクは、人間は無知であり、認識上、実行上、多くの間違いを犯すけれども、ネットワークにおける試行錯誤を通じてかろうじて抽象的秩序が自発的に形成維持されると考えている。

実際、ハイエクは一九六〇年代以降、進化論を自らの思想に導入した。ハイエクは一九七〇年代に、棲み分け論の今西錦司と三回(七八年、八一年、八三年)にわたって対談している。ハイエクが経済社会における文化進化を考えるうえで採用した進化論は「群選択（group selection）」理論である。集団が選択の単位になると考えている点が、今西の棲み分け論に似ているところである。ネオ・ダーウィニズムのような遺伝子還元主義では、淘汰単位は遺伝子のみだが、これを社会文化のレベルへ移せば個体が淘汰単位になってしまう。しかし、ハイエクは「社会的ダーウィニズム」に強く反対していたので、個体ではなく、集団などの個体群、ルールや社会体制など抽象的秩序が淘汰されるという考え方を採っている。社会主義と資本主義の体制選択でも「群選択」の結果、資本主義が生き残り、社会主義は淘汰されたと、ハイエクは考えているのである。

ムチによる非効率性の排除

ここまで、ハイエクの思想の再検討から、一般均衡理論および市場社会主義を含めた社会主義経済の不可能についてみてきた。では、ハイエクのいう「群選択」の結果として生き残り、現在わたしたちの社会を駆動させている資本主義は、いったいどのような特徴を持っており、その優位性はどこにあるのだろうか。

これから、資本主義の強さに関する対照的な二つの説明を提示する。現実の資本主義経済においては、これらのどちらか一方のみが存在するというわけではなく常に両方が存在し、しかも両方存在していること自体がまさしく資本主義経済の強さとなっている。したがって、二つの「説明」というよりも、正確には、それらは資本主義経済の動態性を形成する二つの相反する「力」を言い表している。

まず、第一の説明によれば、資本主義が強いのは、競争を通じて非効率性が淘汰される結果、高い効率性や成長性が達成されるからである。このような考え方を「ムチによる非効率性の排除」と名付けよう。資本主義経済は、私的所有権と経済的自己責任原則を基礎としているため、財務諸表で大きな負債超過が発生し、返済不能や債務不履行に陥った非効率的な企業や個人は破産し、市場ゲームから強制的に排除される。こうした経済的な意思決定を行うプレイヤーの移動をともなう競争の結果、資源配分が効率的になる。

この主張の原型は、ミーゼスに求めることができる。前述したように、ミーゼスは、一九二〇年に発表した論文「社会主義社会における経済計算」において、社会主義経済の不可能性を主張した。生産財の市場がなければ市場価格というものが存在しないのだから、社会主義経済においては、合理的な経済計算や効率的な資源配分が行えないというのが、その論拠であった。ミーゼスの主張は、複雑で不確実な経済では予想を伴う意思決定は市場価格で行う必要があるというものであるが、これは次のようにも言い換えられる。生産手段が国有化された社会主義計画経済では、ある企業が予期していない変化への適応に失敗して大きな損失を抱えることになっても、それを強制的に排除することは困難である。なぜなら、国営企業が国家自身の所有物である限り、それを破産させてもなんら所有者間の資源再配分は起こらないからである。このため、不効率な経営を行い大きな債務超過に陥った国営企業は、多くの場合、国家による温情主義的な管理価格、租税免除、補助金給付、信用供与によって存続しうるからである。私的所有権により経済的意思決定の責任の主体と範囲が明確に規定されていないと、損失や債務不履行といった経済的不効率性を除去する仕組みが消滅してしまうのである。

先述したようにハンガリーの経済学者コルナイも、社会主義経済の企業がコスト意識と競争意識に欠けて効率的ではないと主張し、それを「ソフトな予算制約」という概念によって説明した。コルナイによれば、社会主義経済に比べれば資本主義経済（特に一九世紀の）の広範な領域では、予算制約はかなりハードであると考えられる。そこでの資本主義とは、「ムチによる非効率性の排除」が徹底化されている世界であり、そこでは不効率な経営を行い、損失を発生させる企業は直ちに倒産してしまうからである。

しかしながら、資本主義の強さの第一の説明である「ムチによる非効率性の排除」は、いわば自然淘汰のプロセスが瞬時に起こり、最も効率的な技術のみが存続すると仮定している、一般均衡理論が描く世界と基本的には変わらない。逆に言えば、一般均衡理論における完全競争という理念は「ムチによる非効率性の排除」をいわば最も純粋に抽象化したものにほかならないだろう。

アメによる多様性の創出

資本主義経済の強さに関する「ムチによる非効率性の排除」という説明に対して、第二の見解を「アメによる多様性の創出」と呼ぼう。それによれば、資本主義経済が強さを発揮するのは、ルール（私的所有権や契約の規定、禁止行為の指定による自由な経済行為の消極的規定など）によって規定される市場ゲームを通じて、経済主体が新たな知識を発見したり、新しい技術や製品・サービスを開発し、それらを普及・伝播させることができるからというのである。

この見解は、資本主義経済が技術・商品・知識における変異や新奇性を常に生み出し、それらの多種多様性を再生産していることに資本主義経済の強靭な生命力の源泉をみる。これは、先に取り上げたハイエクの考え方である。

ハイエクは、類似的代替品間の競争を市場経済の重要な特質としてあげていた。いわゆる製品の差別化に見られる非価格競争である。このハイエクの考えを、シュンペーターの技術革新（イノベーション）の理論、ボードリヤールの消費社会の理論を踏まえてもう一歩進めるならば、次のように説明できるだろう。

資本主義経済において、技術・商品・知識が多種多様であり類似的代替品が存在するのは、技術革新により不断に新たな製品や技術が開発され、日々の漸次的改良により品質が向上しているからである。一方、消費者の欲望は必ずしも初めから固定的に与えられたものではなく流動的かつ無定形なものであり、メディアによる広告・宣伝が消費者の潜在的欲望を汲み上げ整流化することで日々新たな欲望を創り上げたり、また差異のみを求める欲望を積極に創り出している、と。

社会主義体制における集権的な計画経済では、鉄道・ダム・軍事兵器・宇宙ロケットなどの重厚長大型の産業が中核となる部門においては、高い生産性と成長を達成できる見込みがある。またこうした生産財ないし軍事・宇宙などの特殊用途の場合には同一製品の種類が少ないこともそれほど問題にはなるまい。だが、一般消費財やサービスについては、生活水準が向上するにつれて消費者は消費財の多種多様性と選択可能性そのものを価値と認めるようになるので、製品が少品種で画一的であることが深刻な問題となっていく。旧ソ連・東欧において、自動車・電化製品・情報機器などの消費財の種類が少なく、その品質も低いものであったことは周知の事実であるが、その原因は、ソ連型計画経済には市場経済が持っているような多様性や新奇さの創出のためのインセンティブが全く備わっておらず、それゆえに「アメによる多様性の創出」の仕組みが存在しなかったことにあると考えられよう。

ローマーの「クーポン型市場社会主義」

ソ連型経済の崩壊の原因については、アメリカの経済学者ジョン・ローマーもほぼ同様の見解を提示している。ローマーは『これからの社会主義』(一九九四年)では、ソ連型集権的計画経済の崩壊の原因について、かつて自分は「ソフトな予算制約」に力点をおいていたが、いまや技術革新の不在こそがソ連崩壊の最大の原因であると考えるようになったと述べている。技術革新を駆動し続けるためには、私企業システムや私企業が必要な資金を自由に調達しうる直接金融型資本市場、すなわち株式市場が不可欠である。したがって、ローマーは株式市場を彼の市場社会主義に導入する。しかし、初期時点における機会均等を維持するとともに、キャピタルゲイン(売買益)による資産格差が大きくなりすぎないようにするために、特別なルールを導入する。

まず、相続を禁止する。次に、株式を売却した資金で一般の財(特に消費財)を買えないようにすることで、いわゆる資産効果による実物市場への影響を小さくして、バブルの発生や崩壊による景気循環を除去しようとする。このため、市民は一定の年齢になると所定のクーポンを受け取り、これにより株式投資が行えるようにしようとした。業績のいい企業に投資すれば、高い配当を受け取れるので、インカムゲインという現金所得は増える。企業は資金調達したクーポンを現金に換えることはできる。しかし、市民は株式を高値で売ってキャピタルゲインを得たにせよ、それはクーポンのままで現金に換金することはできない。したがって、それを株式市場に再投資することはできるが、財市場では使えないのである。そして、市民が死亡すれば、すべてのクーポンは国へ返却されることとなる。このローマーの「クーポン型市場社会主義」の提案が一般均衡理論と同じ市場像に依拠して展開されていることの是非はいまは論じないにしても、それがイノベーションを重視しつつ、貨幣改革を伴うものであることは確認しておこう。

ローマーがソ連型集権的計画経済の崩壊の原因を「ソフトな予算制約」のようなモラル・ハザードから技術革新への不在へと転換した理由としては、(一) ソ連型経済が一九五〇年から一九七〇年の二〇年間に西側諸国とほぼ同程度の経済成長率を達成していたこと（むろん、経済成長は軍事目的の投資に大きく依存し、しかも高い投資率により達成されたものではある）。(二) したがって、一九八〇年代のソ連型経済の崩壊の原因を「ソフトな予算制約」のみに求めることはできないこと。(三) 一九八〇年代に経済的厚生の成長は国民経済の技術革新能力に大きく依存するようになったことを認識したためである。

旧ソ連で公表されてきた政府統計は、インフレーションによる名目的影響をも含んだ相当水増しされたものであるという報告もあるため、(一) の実質経済成長率に関する指摘は是認しがたいが、(二) と (三) の認識は妥当なものであろう。ローマーはこうも言っている。「国内的および国際的な市場がもたらす競争なしには、いかなる企業も技術革新を迫られることにはならないし、競争という動機なしには、少なくとも市場経済が生み出すほどの速度では技術革新は起こらない」(Roemer, p.61) と、技術革新における「競争」の重要性を強調する。だが、わたしたちにとっては、ここでの「競争」の意味がどのようなものであるかが問題となる。

ソ連型集権経済の崩壊の原因が技術革新の不在にあるという認識は正鵠を射たものだと言えよう。だが、資本主義経済には、企業や経営者がイノベーション(製品や技術における)を行うことを促すために、超過利潤という経済的インセンティブが組み込まれている。また発見や発明にともなう経済的利益を一定期間保護する特許制度のような法的制度も整備されている。この点で、財・サービスや生産技術の種類は、社会主義経済に比べて圧倒的に膨大なものになる。

ところが、瞬間的に最も合理的な選択を行う企業や消費者から構成される一般均衡理論の枠組みでは、超過利潤のような「不均衡」はどこにも存在することはできない。このため、一般均衡理論の枠組みでは、「アメによる多様性の創出」という市場の機能を説明することができないのである。したがって、ローマーのクーポン型市場社会主義論の問題は、そのモデルにおける市場が一般均衡理論と同じ集中型市場になっていて、技術革新を可能にする分散型市場になっていないにもかかわらず、技術革新が行われるかのように考えている点にあり、しかもこの点で貨幣の役割を十分認識していないにもかかわらず、クーポンというもう一つの貨幣を導入するという提案を行っていることの首尾一貫性のなさにある。

では次に、これら資本主義経済の強さの二側面が、市場における二種類の異なる競争概念に対応していることを見ておこう。

資本主義における二つの競争観念

資本主義の強さを「ムチによる非効率性の排除」から説明する第一の見解では、所与の嗜好や技術のもとでの資源配分・情報伝達の効率性をめぐる「環境適応型」の競争を強調する。つまり、外的な環境変化に対する個々の経済主体の適応を焦点とする競争である。また、一般均衡理論の説明においても、各主体は「公共的情報」たる価格の変化に直ちに適応して、自己の目的を最大にするように財・サービスの需要と供給を変化させる。企業が生産可能な技術と産出量から利潤を最大にする技術と産出量を決定する結果、非効率的な技術は排除される。このように、一般均衡理論では、「環境適応型」の競争によって非効率性が排除され、自然淘汰が完了した状態が静的に描写される。

二〇〇〇年代に入ってからの規制緩和と民営化を後押しした、自由主義市場経済の信奉者たちの考えも、実は「環境適応型」の競争の原理がその理論的論拠となっている。民営化と規制緩和によって「環境適応型」の競争が激化し、自然淘汰の圧力により経済が効率的になる、と。

これに対して、資本主義の強さを「アメによる多様性の創出」に見いだす第二の見解は、イノベーションによって技術や嗜好に関する情報を拡張していくことで、経済環境自体を新たに創造する「環境創出型」の競争に着目する。そして、わたしも、「環境創出型」の競争の存在こそが資本主義経済の社会主義経済に対する相対的強靭さの源泉であると考えている。

資本主義下のソフトな予算制約

資本主義の強さに関する「ムチによる非効率性の排除」という説明について、もう少し細かくみていこう。この説明においては、たとえば債務不履行になった会社に自己責任を負わせ、倒産により市場ゲームから排除することで、資源配分が効率的になると主張される。そのためには、自己責任原理の源である私的所有制がこのメカニズムには不可欠である。私的所有制こそが予算制約をハードなものにする岩盤であるといってよいだろう。ところが、私的所有制に基づく資本主義といえども、実は常にハードな予算制約になっているわけではない。資本主義経済において、企業がどのような条件のもとで破綻ないし倒産であると社会的に認知され、市場ゲームから退場しなければならないかは、法や慣習などの明示的ないし暗黙的なルールによって定められているとはいえ、予算制約のハードさは時代・国・産業ごとに異なっている。

たとえば、商慣習上は、不渡手形を二回振り出せば銀行と取引停止になり、事実上の倒産に至るといわれている。しかし、実際の倒産の危機は、企業の場合、メインバンクの緊急融資により回避されることも多い。また、金融機関の危機の場合には、日本銀行による特別融資や財務省による合併斡旋などの救済策により破綻が回避されることもある。救済の是非は、金融機関や政府や中央銀行の独自な判断に委ねられるので、それらの裁量の余地が大きい。そうした金融機関の判断は、その企業と銀行が個別に行ってきた商取引に基づくその企業に対する信用や再建可能性に関する期待などの様々な主観的要因に依存している。

二〇〇八年の金融危機に際して、米政府やＦＲＢは、第五位の投資銀行・証券会社であるベア・スターンズ、連邦住宅抵当金庫（ファニーメイ）や連邦住宅貸付抵当公社（フレディマック）を救済したのに、第四位のリーマン・ブラザーズを救済せずに破綻させた。これが、リーマンショックとして世界的金融危機の引き金となるものであっただけに、米政府やＦＲＢの判断が一方ではモラル・ハザードを引き起こしかねない点があるだけでなく、どの金融機関を救済するのか、破綻させるのかという選択において極めて恣意的で危険なものだという批判も少なくない。

さらに、日本の大企業の場合、バブル崩壊以前の一九八〇年代まではメインバンクとメンバー企業が企業グループを形成し、株式の相互持ち合いにより強い協力関係を築き外部支配を排除することを通じてリスクシェアを行うということもかつては多かった。メインバンクは、メンバー企業と人的交流を持ちながら企業経営を監視しており、企業経営の結果にも共同的責任を持っている以上、メンバー企業が倒産の危機に陥ったときにはメインバンクはその救済に全力を挙げるであろう。銀行などの金融機関自身の破綻の危機の場合には、財務省や日本銀行は一国の金融システムと信用秩序の維持といった大局的な観点を優先させて救済策の発動を決断することになる。

このように、破産ルールは必ずしも厳密に適用されるというわけではなく、現実には極めて弾力的に運用される性質のものである。日本における不良債権処理のための公的資金投入、アメリカの金融危機における公的資金投入という事例を見てみれば、資本主義の下でも「ソフトな予算制約」が広範に存在しているのである。

また、二〇世紀に入って一九八〇年代までは、企業の大規模化と産業の寡占・独占化、株式会社における「所有と経営の分離」と「経営者支配」の進行、財政政策と社会保障費の増大を原因とする国家財政赤字傾向といった現象を背景にして、企業の予算制約は全般的にソフト化する傾向にあった。戦後から八〇年代まで、日本の大企業は、終身雇用制・年功序列型賃金・企業別組合を三本柱とする日本的経営を特徴としてきた。会社は時に従業員の雇用を確保し生活を保障する「企業共同体」ともみなされ、経営者が企業を統治する主体になった。他方、会社の所有者たる株主はほとんどすべての会社に対する支配権（経営陣の解任権まで）を放棄し、値上がり益を狙う投機家となった。既に述べた企業グループの形成は、企業グループ内での株式相互持ち合いによる外部株主の排除、メインバンクによる信用供与、低い配当性向と高い利益内部留保、株や土地の含み益の増大といった事態を背景にして所有と経営の分離傾向をさらに押し進めて、法人自らが法人を所有（支配）する「法人資本主義」を成立させた。この結果、日本の大企業の予算制約は著しくソフト化したのである。

だが、一九九〇年代以降に日本で発生した様々な事態——バブルの崩壊による株式・不動産価格の低迷、金融機関の抱える大量の不良債権の存在とそれに起因する金融機関の破綻、銀行の貸し渋り、金融システムへの信頼の低下、株式の相互持ち合いの解消、国家予算の緊縮化と行財政改革、「失われた二十年」といわれる長期不況——は予算制約が再びハード化していることを示している。このように、資本主義における予算制約もハードとソフトの間をかなり大きく変動する。

いずれにせよ、ここで確認しておきたいのは、「ソフトな予算制約」は必ずしも社会主義経済に特有のものではなく、程度の差こそあれ資本主義にも存在していることであり、また、日本の場合、ソフトな予算制約の下でも、一九七三年のオイル・ショックまでは高成長、その後も八〇年代までは安定成長を技術革新とともに達成してきたという事実である。この点を考慮するとき、私的所有権が資源配分の効率性や経済の成長のための不可欠な条件であるとは考えにくい。そもそも所有権とは、その財産の処分権、利用権、収益獲得権など別々に分割可能であり、現実にも、この分割された権利が社会的に分散所有される傾向にある。この点でも、私的所有権を企業の支配ないし意思決定の究極的で唯一の規定要因と見ることはできないのである。

革新と模倣を伴う動態的な進化

他方で、資本主義経済の強さに関する「アメによる多様性の創出」による説明では、私的所有権の重要性は「ムチによる非効率性の排除」に比べて相対的に小さい。なぜなら、当該の所有権が永久のものではないからである。創業者利潤や超過利潤は新たな技術や製品を発明・開発した経済主体が、他の経済主体の模倣を排除し独占的な地位を確保する結果としてある一定期間生じるものであり、いわば新製品・新技術に関する「情報」に一時的な所有権を設定するということにほかならない。新製品・新技術に関する知識は多くの場合秘匿され（ネットワーク外部効果が存在する場合には、逆に積極的に公開することで市場を早期に独占しようということもありうるとはいえ）、他の競争者が模倣することは困難か、可能であるにしても相当の時間が必要となるだろう。しかし、それらは遅かれ早かれ、消費者や競合する生産者に伝播することになるだろう。

現実には、新製品・新技術に関する情報の所有権は特許制度やライセンス制度により規定された期間に限って法的に保護されている。所有者は排他的に独占利用する権利があり、使用者は所有者に無断で特許対象物を使用・転用することはできず、特許料を支払うことによりその使用許可を得なければならない。つまり、経済主体は新製品・新技術に関する「情報」を排他的・独占的に「暫定所有する」ことから利益を得る。しかし、一定期間が過ぎれば特許権は消滅し、すべての経済主体により新製品・新技術は模倣されることになり、最終的には新製品・新技術に関する情報は社会の共有財産となるのである。

つまり、経済全体の利益を向上させるためには、新製品・新技術などの「情報」に関する特許権やライセンスなどの「知的所有権」は、物的対象物に対する所有権のような絶対的なものではなく、一時的・経過的なものでなければならない。こうした「情報」に対する所有権は「アメ」として働き、多様性や新奇性を創出するためのインセンティブを生み出すけれども、それが一時的なものに制限されているがゆえに、特定期間後は「ムチによる非効率性の排除」が作動して、旧来の製品・技術を採用していた他の多くの経済主体も生き残りのためにそれらを捨て新製品・新技術を模倣することを強制される。結果として、新製品・新技術の情報は急速に経済全体へと伝達されていく。

このように、資本主義経済におけるアメとムチの二側面の共存こそ革新と模倣を伴う動態的な進化過程を生み出す。資本主義の強さとは、この進化過程の中にこそあると言えよう。

資本主義の強さは、必ずしもハードな予算制約による資源配分の効率性の実現によるものでもない。逆に言えば、社会主義経済は「ソフトな予算制約」を原因とする資源配分上の非効率性のために崩壊したのではないはずだ。そうではなく、社会主義経済の崩壊の根因は、家電製品・自動車など消費財における多様化や情報技術分野における技術革新が進展しなかったことにあった。それゆえ、資本主義経済は私的所有権と倒産のルールによる自然淘汰を制度的基礎としてはいるものの、社会主義経済との比較におけるその相対的強さは、超過利潤というインセンティブを媒介とする暗黙知の明示化、イノベーションをつうじた財と知識の多様化にこそあると見るべきであろう。

第三章●貨幣と自律分散型市場

貨幣をとらえなおす

新古典派の経済学では、市場を一般均衡の完全競争市場として概念化し、そうした市場モデルを理念型として構築する。では、ここで排除されてきた要素とは何であろうか。それは貨幣である。「完全競争」に基づく一般均衡論的なモデルは、予め市場から貨幣の存在は消去され、市場経済を物々交換経済と同じものとみなすことによって成立している。つまり、市場経済を紡ぎ出す「貨幣」という起源を忘却することによって市場の純粋理論モデルは構成され、さらにそこからあらゆる計画モデルも導出されているのである。

とすれば、次にわたしたちが行うべきは、従来の市場像で抑圧されてきた貨幣の意味を問い直すことであるはずだ。市場経済とは貨幣経済であり、しかも、わたしたちが身を置く貨幣経済とは貨幣が無際限に自己増殖を求めるような資本主義貨幣経済である。そこでは、人間を自律的で論理なき自由な主体にすべき貨幣が、実際には、人間ではなく資本を自律的で自由な主体にしているという矛盾が生じている。したがって、資本を倫理的なものにするには、何よりもまず貨幣を倫理的なものに変える必要がある。グローバル市場経済をグローバル資本主義経済としている貨幣制度にこその現代の危機的状況の根源がある。

であるならば、二一世紀の問題を解く鍵は、市場改革ではなく貨幣改革に求めるべきである。貨幣を新たな視角からとらえなおし終えたとき、わたしたちは、「市場か、国家か」あるいは「自由か、規制か」といった二分法的な思考様式を乗り越えることができ、市場と貨幣に関する新たな理論への展望が開けてくるであろう。

貨幣とは何か

貨幣とは何か。この問いにまともに答えてはならないことは、つとに強調されてきた。なぜなら、この問いは、既に貨幣をこの疑問文の主語である貨幣以外の何ものかによって説明することを構造的に強いているからだ。

しかし、「貨幣とは、貨幣として使われるから貨幣である」という文章が表すように、貨幣に関しては自己準拠性が付いて回らざるを得ないがゆえに、他のものによる定義が困難である。貨幣は、それ自身には実体的な存立の根拠を持たず、それが貨幣として受け取られることにより市場を流通し続ける存在であり、この自己循環論的かつ自己遂行的な存在性格が貨幣を特徴づける。たとえるならば、貨幣とは、自分の靴紐を持ち上げることで自分を持ち上げているような、極めて奇妙な「社会的存在」である（Iwai, 1996）。貨幣の神秘と謎はここにある。

だが、貨幣が空虚であるといっても、それはたんなる幻でも記号でもない。わたしたちは、それにより市場で様々な商品を買うことができるし、また、それを観念的な幻想だと思っても消えてしまうことはない実在性を帯びている。

他方で、それは何か別のものを表象したり代表したりする通常の意味での記号でもない。構造主義的に言えば、貨幣とは構造内の何の要素も代表していないにもかかわらず、その構造の存立を可能にする「ゼロ記号」にほかならない。

つまり、貨幣とは、実在であるとはいえ、現実ではあるとはいえないような「可能性」の形式なのである。だから、それは「〜である」とも「〜でない」ともいえる。それゆえ、ある概念を他の概念で記述したり、ある記号を他の記号で代表することを「定義」とするならば、わたしたちはこのような意味で貨幣をうまく定義することができない。問題は、このような特異な存在性格に由来する貨幣の定義の困難さをどのように「解決」すべきか、ということである。

一般に、貨幣とは、物々交換の困難を解消し、商品交換を円滑にしたりするための「潤滑油」や「交換用具」であると考えられている。貨幣は交換を効率的にする手段にすぎないというわけだ。こうした解答は、貨幣は「常に〜である」と述べられるということを前提にしている。しかし、貨幣は「〜を可能にするが、そうでない時もある」というような「可能性」の形式としてしか表現できないような存在なのである。貨幣は常に必ずしも商品と商品の間接的な交換をスムーズにして、物々交換に近い状況を作り出しているわけではない。貨幣は、商品の貨幣への売りと貨幣による商品の買いという貨幣交換の二つの形式を新たに創り出すことで、商品と貨幣の間の交換、すなわち「売買」がスムーズに行く「可能性」の形式を生み出しただけである。それは、物々交換の不可能性を売買の可能性へと置き換えたものの、景気循環の好況と不況という二つの善悪を生み出す可能性でもある。貨幣とは諸刃の剣を持つ「可能性」なのだ。

景気循環の不況局面では、人々は、貨幣を保有しようとして、商品を買おうとはしない。物々交換の困難は、商品と貨幣のポジションの非対称的な関係の中で、商品が売れるかどうか（貨幣で買われるかどうか）に置き換えられているにすぎないのである。つまり、すべての商品は貨幣に対して売られ、今度はその貨幣で別の必要な商品を買うことができるという、商品と貨幣の間の非対称的な関係は、商品の売買という良き「可能性」を開いたものの、その反面で誰もが貨幣を手離さず商品を買わないことから起こる恐慌というパニックやそれに続く失業と倒産を伴う不況という問題を発生させる悪しき「可能性」をも同時に開いたにすぎないのである。節を改めて、この貨幣と商品という構造がいかに出現し、善悪二面の「可能性」はいかに生じたのか、見てみよう。

貨幣生成の論理

チンパンジーは霊長類のなかでわたしたちホモ・サピエンスに最も近縁であり、遺伝子の九八・五パーセントを共有していることが知られている。にもかかわらず、チンパンジーが広く貨幣を使用しているという観察事実は存在しない。人類は進化の途上のある時点で貨幣を使用するようになったはずである。貨幣が成立する可能性はこの一・五パーセントの遺伝子の違いのなかにあるのだろうか。

ある物品xと別の物品yの間に物々交換（直接交換）が成立するためには、xの所有者Xがyを欲しがると同時に、他方、yの所有者Yがxを欲しがるという「欲望の二重の一致」が成立しなければならない。「xの所有者Xはyを欲しい、その代わりxを提供する」と申し出ている状況を、xからyへ「↓」が出ていることにより表すとすると、「欲望の二重の一致」とは、図3－1のように、xとyの間に逆向きの二本の「↓」が描かれている状態のことである。

実際に物々交換が成立するためには、さらに両者の交渉や妥協を通じて交換比率について合意が成立しなければならないが、いまはそれを考えないでおこう。財の数が小さい場合は物々交換が実現する見込みもなくはないが、こうした物品の数が増えれば増えるほど、物々交換が実現する確率は加速度的に小さくなっていく。物品の数が数千や数万になれば、偶然に「欲望の二重の一致が」生じるのは、まず不可能であると言っていいだろう。

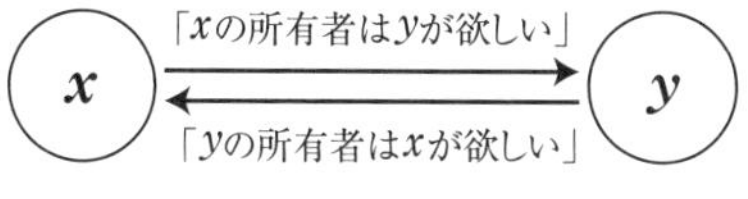

図3-1　物々交換における「欲望の二重の一致」

だが、もしここで貨幣が存在するとすればどうなるだろうか。この場合、すべての物品が商品になっているのだから、貨幣を持っていれば必ず商品を買える。そうすると、自分の商品が売れて貨幣を手に入れさえすれば、必ずその貨幣で自分の欲しい商品が買えることになる。とすれば、後は、貨幣を持っている人が自分の商品をたまたま欲しがってくれて、自分の商品が売れさえすればよい。こうして、貨幣が存在するとすれば、自分の欲しい物が手に入る確率は、物々交換が成立する確率よりも飛躍的に高まることになる。貨幣がない場合よりも貨幣がある場合の方が、誰もが自分の欲しい物を手に入れやすくなることはわかった。では、このような貨幣はいかにして生まれてくるのだろうか。

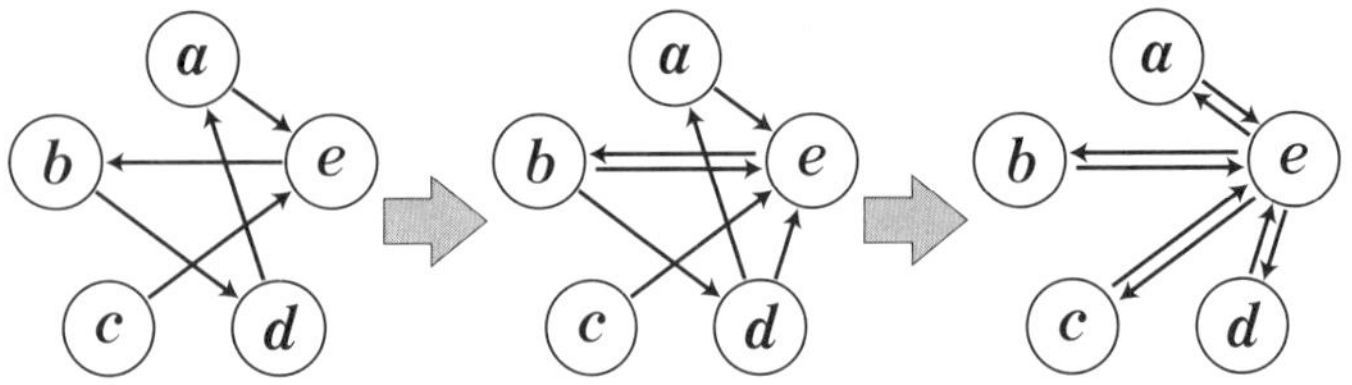

図3-2　貨幣の生成

ここでa〜eの五つの物品がある場合を考えよう（図3－2）。先ほどと同じように、いま各物品の所有者が消費の対象として他の一つ物品を欲求しているとしよう。それは、各物品からその所有者が欲求する他の物品へ「→」が一本描かれていることで表される。図の①の場合、どの二つの物品を見ても二本の逆向きの「→」が描かれてはいないので、物々交換により欲しい物をお互いに得ることはできない。

しかし、ここでよく見てみると、他の物品に比べてより多くの「→」が向かっている物品、すなわち、より多くの人に欲しがられる物品があることがわかる。①では、aとcという二つの物品から「→」が出ているeがそれである。物々交換とは、お互いに自分たちが欲しい物品を直接交換することだから、これを「直接交換」と呼んでもいいだろう。今の例の場合のように、多くの所有者がある物品を欲しがる時、その物品の「直接交換可能性」が高いという。なぜかというと、その物品はそれを欲しがっている所有者の物品と直接交換できるのだから、そうした人が増えれば増えるほど、直接交換できる可能性は高まるからである。

実は、すべての物品についてこの直接交換可能性を考えることができる。どうやるかと言えば、ある物品の直接交換可能性を「ある物品を欲しがる物品所有者の数÷自分以外のすべての物品所有者の数」と定義すればよい。これは、ある物品が直接交換できる確率を表している。①において、物品eの直接交換可能性は二/四＝〇・五であり、それは五つの物品の中で最も高い。これが意味するのは、物品eを持っていれば五〇パーセントの確率で他のいずれかの物品と直接交換できるということである。こうして、物品eは、その物品が持っている物理的な性質、たとえば、それを食べると栄養になるとか、それを着ると暖かいというような物理的・化学的な性質に基づいた人間にとっての有用性とは別の、他の物品と直接交換できる可能性という新たな特性を持つようになる。だから、自分は物品eを本当は欲しくないけれども、それを持っていると自分が欲しい物品と直接交換できる可能性が高いから、自分もそうした交換のための手段として手に入れたいというような新たな欲望が生まれてくる可能性がある。

実際、①では、dの所有者はaを欲しいのに、aの所有者はdではなくeを欲しがっているので、dとaの間に直接交換は成立しない。けれども、dの所有者は、この経験から次のことを学習するであろう。もし自分がeを持っていれば、それをaと直接交換できるので、まず自分の物品dをeと直接交換し、次いでeをaと直接交換することによって、自分が欲しいaを手に入れることができるだろう、と。ここでの連続する直接交換のことを「間接交換」という。ここでは、eは間接交換d→e→aを媒介するための手段として利用されている。このような学習を通じて、各所有者の欲求は変化するのである。

こうして、わたしたちは、ある物品に対して、それを消費することで得られる有用性や効用に対する「直接的欲望」とは異なる「間接的欲望」を持つことになる。すなわち、それを持っていることで他の物品を入手することができ、そうした物品から得られる有用性や効用を獲得できるという可能性、すなわち直接交換可能性に対する欲望である。

たとえば、各物品の所有者は「自分が消費したい一つの任意の物品を欲求する」だけでなく、「自分の周りの物品のうち最も直接交換可能性の高い物品を欲求する」ようになると、各物品間の「→」は図の②のように変化するであろう。この時、物品eは他のすべての物品の所有者から欲しがられることになり、その直接交換可能性は四／四＝一・〇となる。自分の物品を欲しがらないとすれば、この直接交換可能性は最大値である。このようにして、最も高い直接交換可能性を獲得した物品eが、それによってのみ他のすべての物品と直接交換可能な形式、すなわち、一般的等価形式になるのである。

いまや物品eの所有者は他のいずれの物品とも直接交換できる地位にある。しかし、このような地位は王位のようにeに生まれつき備わっていた性質ではない。それは、人々が互いに直接交換を求めることから生じる①のようなネットワークがまずあり、そこから人々の内部の欲望におけるルールが変化して②へと移行することによってこのシステムの内部から生じる後天的な性質なのである。

とはいえ、①の初期時点で、ある物品が他の物品より高い直接交換可能性を持つのは単なる偶然というよりも、その物品の何らかの有用性や希少性がより多くの欲求を引きつけたからかもしれない。たとえば、日本では米は主食品であったため、他の物品よりも高い直接交換可能性を持ったであろう。これと対照的に、金は美しく、希少性の高い奢侈品であるだけでなく、耐腐食性や可塑性など貨幣として優れた物理的特性を持つがゆえに、極めて高い直接交換可能性を獲得したに違いない。このような意味で、物品が元々持っている物理的・化学的特性やそこから生じる有用性は貨幣の生成にとって全く無関係であるとは言えないのである。

やがて、e以外の他の所有者は貨幣eとの直接交換「売り」と、貨幣eと他の物品との直接交換である「買い」だけを求めるようになると、それ以外の直接交換に対する欲求は人々の中で淘汰されて消えてしまうので、②は③へと変化する。この時、物品は、貨幣と商品へと分化するのである。こうして、e以外の全ての物品は貨幣による売買の対象である商品になる。そこでは、商品の貨幣との交換すなわち「販売」と、貨幣の商品との交換すなわち「購買」という二種類の取引のみが生き残っている。③における単一貨幣と商品という構造は、先に見た、物品所有者の内部ルールの下では安定的である。

このような貨幣生成論は、貨幣が元来は「商品」であることを仮定しているので、「貨幣商品説」と呼ばれている。しかし、ある物品が貨幣になると同時に、他の物品は商品になる、あるいは、貨幣と商品は同時に分化するというのが正しい。貨幣が成立する以前には商品も存在しない以上、こうした議論はむしろ「貨幣物品説」ないし「貨幣実在説」と呼ぶべきなのである。

今の例では、貨幣が一つ出てきて、それがあたかも安定的に成立するかのように説明したが、常に必ずしもそのような結果になるわけではない。先ほどは、各所有者が「自分の周りの物品のうち最も直接交換可能性の高い物品を欲求する」ようになると仮定したが、「直接交換可能性がある一定の値を超える物品を欲求する」としてみよう。すると、この「ある一定の値」が大きすぎれば、貨幣はまったく生まれてこないし、逆にこれが小さすぎると、いくつもの物品が直接交換可能性を高めたり低めたりするプロセスが繰り返され、それはあたかも、いくつかの物品が貨幣として生成したり消滅したりというように見えるであろう。この値が一定の範囲内にあれば、単一ないしごく少数の物品がより多くの物品所有者に欲しがられる結果、その直接交換可能性は次第に増大し、やがて最大値を取って安定することになる。その結果、③のような単一の貨幣とその他の商品という構造が成立するのである。しかし、その場合ですら、偶然により貨幣の直接交換可能性が揺らぐことはあり、それがかなりの大きさに成長すると、そうした貨幣は崩壊してしまう可能性がある。つまり、貨幣とはある偶然の条件によって成立するが、ひとたび偶然的に成立してしまうと、自分自身の構造を絶えず強めつつ存続するような性質を持っているのである。にもかかわらず、こうした自己強化過程により極めて安定的に成立している貨幣も、偶然的な揺らぎや人々の欲望の全体的な変質により、いつかやがて崩壊してしまう危険性をはらんでいる。

ここで確認しておきたいのは、いずれの場合も、人々の交換実現の追求が「他人が欲しがっているモノを自分も欲しがる」という他者の欲求の模倣、あるいは、他者依存的欲求についての学習を生み出し、そうした人々の欲求の変化が意図せざる結果として貨幣を創発しているということである。つまり、人間がそうした学習能力を持っているということが、貨幣が生成するための必要条件なのである。そこでは、学習を通じた主体の欲求（内部ルール）の変化が貨幣制度（外部ルール）の生成をもたらすという因果関係（図3－2の①から②へ至る）があるだけでなく、貨幣の生成が人々の欲求を他者依存的にするという逆の因果関係（②から③へ至る）もある。その意味で、内なる制度である人々の欲求・選好と外なる制度である貨幣は、相互に他を規定し合うような循環関係を形成している。そして、このループこそ、「貨幣とは、貨幣として使われるから貨幣である」という自己準拠性の源であり、貨幣の謎の正体である。

そしてまた、これに類似する論理や構造は、市場経済において手を変え、品を変え、実に様々な場面で登場してくる。株価の高騰と暴落、バブルの生成と崩壊、ブランドの成立と衰退等々すべて同じように理解することができるのである。したがって、こうした貨幣のモデルこそ市場経済の自己準拠性、自己遂行性という側面を特徴づけるものなのである。

ここで見た貨幣生成の論理は、大規模な経済において貨幣が「すでにつねに」あるものとして、それが必要かつ不可欠なものであることをわたしたちに教えてくれるものの、ある特定の貨幣が必然的なものとして永続していくということを予想するものではないし、また、決して現行の貨幣制度を正当化するものではないのである。むしろ、貨幣生成の論理を理解することを通じて、貨幣の変容や多様化の可能性を知ることができるとともに、特に、貨幣という制度をわたしたちが再設計できる可能性を与えてくれると考えるべきなのだ。

そして、この論理はまた、市場は安定的に均衡する、そして均衡では効率的であることを説く新古典派の市場像が貨幣を無視することによって、いかに現実からかけ離れた論理を展開することになるのかということを論理的に理解させてくれるものでもある。

わたしたちは、次に、通常の経済学においても最もなじみ深い貨幣の機能論を見ていくことにする。しかしながら、貨幣がいかに偶然的に生じたのか、それが大きく変化したり、ガラリと音を立てて崩れてしまう可能性も持っていることを忘れるべきではないのである。

交換手段としての貨幣

ここでは、まず、従来から指摘されてきた貨幣の諸機能について詳しくみてみよう。貨幣は大きく分けると、三つの機能を持っている。通常の理解では、貨幣は以下のような諸機能を持っていて、常にそれを発揮できるかのように説明されている。しかし、ここではこうした諸機能はあとで見るネットワークとしての分散型市場がうまく機能している限りにおいて発揮されうる「可能性」にすぎないということを予め述べておきたい。だから、実際にはうまく機能しない可能性もあるということである。

まず一つめの機能が「交換手段としての貨幣」である。物品xと物品yの間に物々交換（直接交換）が成立しないとき、貨幣を媒介にした間接交換によってxを手放す代わりにyを入手することは可能である。間接交換とは、商品xを貨幣Mと交換し（商品xの売りC_x→M）、それで得た貨幣Mを商品yと交換する（商品yの買いM→C_y）ことであり、売りと買いの二つの取引をまとめてC_x→M→C_yと表現できる。このように、貨幣が所望の商品を入手することを目的とする間接交換（売買）の手段として利用されるとき、貨幣は交換手段として機能する。貨幣が交換手段として次々と商品と商品の間接交換（売買）を媒介していくことで、貨幣は転々流通していく。この意味で、貨幣は流通手段であり、通貨である。

図3－3は、貨幣Mが三つの商品C_1、C_2、C_3の間接交換を媒介しながら、左上から右下へ川を下

るように転々流通していく過程を表している。Mは、繰り返し購買に出動することで、その持ち手を変えながら多くの間接交換を織物のように縫い合わせていく。売りと買いからなる間接交換では、各主体の所有物は元々の商品→貨幣→他の商品と形態変換する。たとえば、C_2の所有者2の所有物は左から右へC_2→M→C_3と変化する。こうした交換過程からは見えないものの、その背後には、所有者2がC_2を生産し、それを販売して得た貨幣Mで元々の欲求の対象であったC_3を獲得し、それを消費することで家族が暮らしているといった経済活動や生活が存在するはずである。

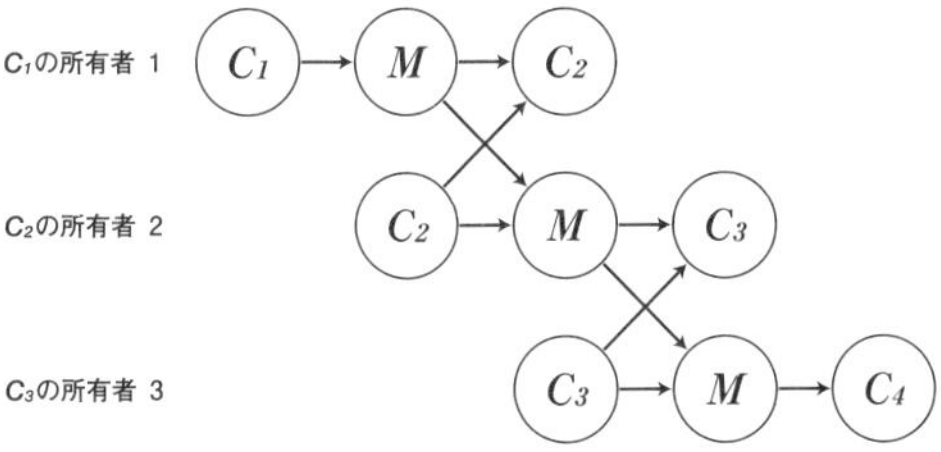

図3-3　流通手段としての貨幣

価値尺度としての貨幣

貨幣の二つめの機能が「価値尺度としての貨幣」である。貨幣は、すべての商品の価格を単一次元の数量として斉一的に表現することを可能にする。貨幣のこのような機能を価値尺度という。たとえば、貨幣が金であるならば、「リンゴ一個＝金一〇ミリグラム」「牛肉一キログラム＝金一グラム」等々というように表示される。

金本位制の下では、国家通貨の単位は金の一定量で表現され、日本ではかつて一円＝金七五〇ミリグラムと法律で定められていたが、現在では円の通貨単位は金の度量標準として定められていない。さらに、一九七三年以降の変動相場制の下では、「一円＝一／一〇〇ドル＝一／一五〇ユーロ」のように、ある国家通貨は他の国家通貨の一定量で表示され、しかもその数量は外国為替市場で決定されるので変動する。

しかし、貨幣が、商品の価格を通貨単位の倍数で表している点に変わりはない。商品の価格表現は「リンゴ一個＝一〇〇円」であって、「一円＝リンゴ一／一〇〇個」ではないのである。貨幣は、もっとも高い直接交換可能性を持つ一般的等価物として、すべての商品から交換を求められる。その結果として、商品の単価が貨幣量により表現されるのである。「一〇〇円でリンゴ一個は買えるが、リンゴ一個で一〇〇円は買えない」のは、貨幣は価値尺度だが、商品はそうではないからである。貨幣と商品の間にはこうした非対称性が存在している。

この非対称性は、売りと買いの非対称性として現れる。貨幣で商品は買えるが、商品で貨幣は買えない。貨幣所有者はどの商品を買うかを選択し、所定の商品を一定の価格で買うかどうかを決定する自由を持っている。つまり、商品売買を実行する決定権は売り手である商品所有者ではなく、買い手である貨幣所有者にある。個々の相対取引のイニシアティブを有するのが貨幣であれば、相対取引のネットワークである市場を形成するのも貨幣である。貨幣こそ市場の形成者である。

他方、商品とは、貨幣に対して売られ、貨幣で買える財・サービスのことである。財・サービスの所有者が、一定量の貨幣を対価としてその所有物を貨幣所有者に譲渡することを承認すると、それは商品になる。このように、価値尺度としての貨幣が財やサービスを商品にするのである。

水、炭素排出権、個人情報、命名権、名誉、地位、選挙権、臓器などおよそあらゆる物事は、貨幣による売買の対象たる商品になりうる。ほんの二〇〇年ほど前まで、奴隷は合法的商品として売買されていた。ある商品が違法であるかどうかは、国や地域の道徳、倫理、価値観に依存しており、時代を通じて変化する。また、貨幣の種類が異なれば、それで買える商品も異なる。大判小判は日常品を買うのに使えなかったし、金やドルは国内の商品を買うのに使えない。「貨幣が市場の形成者である」と言うときは、こうした貨幣による財・サービスの商品化という内容をも含んでいる。

価値保蔵手段としての貨幣

貨幣は、その実質価値が安定的であるならば、「価値保蔵手段」として機能する。これが貨幣の三つめの機能である。このような貨幣を蓄蔵貨幣という。価値保蔵の目的は、将来の商品購買のための貯蓄、一般物価の変動、予期せぬ事故災害への備え、あるいは、株や不動産等資産の価格下落を予想しての流動性確保などである。物財の在庫は、未来の不確実性と人間の無知に対処するための緩衝（バッファ）として働くが、ストックとしての蓄蔵貨幣も同様な機能を果たす。

金のように物質的有用性や価値を持つ商品貨幣である場合には、それは富の独立の担い手として価値保蔵手段になる。また、不換紙幣や電子通貨のように、それ自身が物理的な有用性や価値をほとんど持たない貨幣の場合も、それが交換手段として広く受領され、価値尺度として一定の購買力を備えている限り、価値保蔵になる。しかし、そうした貨幣は、歴史上、品質劣化、過剰発行、財政破綻、信用失墜といった理由からしばしば貨幣価値が急減するハイパーインフレーションに見舞われている。このようなリスクがあるため、そうした貨幣の価値保蔵機能は長期的には信頼できない。

流通手段や価値尺度としての貨幣は商品を購買するための手段であるが、価値保蔵手段としての貨幣はそれ自身が目的として、すなわち一般的富として追求される。ここから、蓄蔵貨幣を無制限に貯め込もうという守銭奴的な欲望も発生する。近代資本主義の離陸にとって資本の本源的蓄積は不可欠であったし、現代の経済成長にも貯蓄は重要な役割を果たしたが、これらは貨幣の価値保蔵機能によるものである。

蓄蔵貨幣は支払手段としても機能する。商品の売り手は買い手に対し、商品代金の支払を一定期間猶予する「掛け売り」を行うことができる。買い手は期限が来れば、約束通りに貨幣を支払わなければならない。このような場合、約束や信用を決済するために出動する貨幣は支払手段である。

信用は、貨幣の存在を前提として、貨幣貸借により商品売買を先取りしたり、債権債務を相互に相殺して貨幣を節約したりするための社会的な仕組みとして派生した。先の事例で、買い手が企業であるならば、自らが発行する約束手形や為替手形で支払うこともできる。手形とは、振出人が受取人または持参人に対して、一定金額を満期に支払うことを約束した債務証書（ＩＯＵ）である。商品の売り手（債権者）は所定価格による商品販売を実現して、売れ残りや価格変動のリスクを回避することができるし、信用供与の代価である利子を取得するメリットがある。他方、買い手（債務者）は、信用供与を得ることで商品購買のための貨幣の支払を将来に繰り延べることで、現時点での商品の購買と消費が可能になる。支払手段としての貨幣は、債務を返済し、債権債務関係を解消する信用決済機能を果たす。銀行券や預金通貨などの信用貨幣は、支払手段としての貨幣を基礎にして発展する。

このような信用の発展は、貨幣のみの場合に比べ、商品の売買がより広く大規模に行われる新たなる可能性を切り開いてくれた。しかし、ここでもまた貨幣という形式の出現の時と同じように、信用という形式の出現は、善悪二つの可能性をより増幅したにすぎない。景気循環における好況と不況というマクロ的変動はさらなる大波となってしまう可能性、すなわち、大いなるバブルの形成とその破裂という悲劇が繰り返される可能性が生み出されることとなった。こうして、起源における物々交換の不可能性という問題は決して解決されることなく、次々と別の可能性へと先送りされているにすぎないのである。

理念型としての市場＝他律集中型市場

貨幣の三つの機能について、原理的な説明を試みた。そして、こうした貨幣が流通手段として実現していく多数の商品の売買（間接交換）の連鎖ないしネットワークが市場である。そうした多数の商品売買のネットワークを通じて生産や消費が行われることで社会全体の経済が再生産されている。しかし、ある状況の下では、商品の売買の連鎖はつながらず、分断されてしまい、経済の再生産が支障をきたすという不況の可能性もそこには含まれている。では、次に、貨幣の機能に基づき描かれる市場とは、どのようなものであるのか見ていこう。

現在の経済学の常識であるだけでなく、いまや人々の常識にもなってしまっている新古典派経済学では、市場とは、一言でいえば、「他律集中型」である。新古典派は、貨幣を重要視しないだけでなく、それを適切に概念化していない。その理論的なハードコアをなす一般均衡理論は、すべての財の市場で需要と供給が一致するような均衡価格を競りによって試行錯誤的に見つけ、そうした価格で全ての財を一度に交換するための取引所として市場をモデル化している。

その教科書的説明によれば、市場の典型とはオークション型の「よく組織された市場」であり、そこでは、一物一価が前提とされ、企業や消費者はプライステイカーとして、競り人が叫ぶ財やサービスの価格を見ながら利潤や効用の最大化を行っている。こうして財やサービスに需要と供給が表明されるが、競り人は、需要が供給を上回る財やサービスの価格を引き上げ、需要が供給を下回る財やサービスの価格を引き下げるという試行錯誤をくり返し、最終的にすべての財やサービスの需要と供給が均衡する価格を決定する。この一般均衡における競争均衡価格で企業や消費者はいっせいに取引を行うことになる。この時、企業も消費者も最適化しているので、どの主体も他の主体を不満足にすることなく自分の満足を大きくすることはできないという意味で、財やサービスが効率的（パレート効率的）に配分されているといわれる。新古典派は、この希少資源の効率的配分が「見えざる手」により達成できるということこそ市場の優れた特性であると主張している。

こうした集中型市場モデルでは、一物一価が前提されており、財と財との相対比率（相対価格）を表す価格ベクトルだけが需要や供給を決定する変数なので、貨幣は名目価格を決定するための価値尺度にすぎない。しかし、すべての財の需要と供給はゆるみなく緊密に結びついているため、一時点で相互調整を行おうとすると、中央に極めて大きな情報負荷がかかる。このため、現実的な動作可能性を考えると、集中型市場では、膨大な種類の財が存在する大規模で複雑な現実の経済を運営することはできない。また、企業や消費者も、利潤や効用の最大化を行うための情報収集能力と計算能力を持ち合わせていない。経済全体を集中型市場で運営するのは、それを集権的計画で運営するのと同じく、実行不可能なのである。

一般均衡理論は、しばしば商品取引所や証券取引所の仕組みを単純化してモデル化したものだと考えられている。しかし、実際の市場は必ずしもそうではない。証券取引所では、開始時と終了時を除く取引時間中、「ザラバ」と呼ばれる売買ルールを採用している。売り手が希望する最低価格と買い手が希望する最高価格が一致すれば、その価格で一致した発注量の取引を継続的に実行していくという方法である。それは、できるだけ高く売りたい売り手とできるだけ安く買いたい買い手が提示する価格と数量が一致するとき、取引を次々に実行していくので、絶えず価格は変動するし、一度実行された取引を取り消すことはできない。

これと異なる「板寄せ」という方法では、ある時点で売りと買いの発注数量を集計して両者が一致する価格で取引が行われるので、一般均衡理論が想定する市場ルールにいくらか近い。だが、それは取引の開始時と終了時に限定されているし、価格付けは個々の銘柄ごとに行われる。一般均衡理論が仮定する全商品価格の同時決定というような市場モデルは、現実からかけ離れた、実行不可能なモデルにすぎないのである。

現実の経済では、限定合理的な主体は最適化計算を行うのではなく、満足化原理に従う。たとえば、予期せざる需要変動などの不確実性に対しては、在庫や貨幣といったストックを保有して、それらをバッファ（緩衝）とすることで対応し、在庫や貨幣のストックの増減を外部環境のモニタ情報として利用しながら、一定のルールに基づいて数量や価格を自律的に調整している。そして、様々な時間・空間の中で、買い手と売り手が一対一で価格や数量に関する条件を定め、商品売買を行っている。こうした相対取引の全体が中心なきネットワークである「分散型市場」を形成する。それは、各種バッファによるたるみを持った、緩やかな結合系である。そこでは、一物一価も需給均衡も前提にすることはできないし、一般均衡理論のように、価格メカニズムを通じてすべての財が効率的に配分されると考えることもできない。

貨幣は、交換可能な商品を探索・発見するための取引費用（サーチコスト）を最小化し、財と財の効率的な間接交換を促進するための交換手段であるという議論や、貨幣は、名目価格を決定する単なる価値尺度であるとする理解は完全な誤りではない。だが、それらは、貨幣のごく一部の側面を抽象したものにすぎず、いま述べたような現実の市場のあり方を理解するためには十分な説明ではない。

他律集中型市場では、個々の主体は何の自律性も判断の自由も持たず、価格という情報に受動的に反応する。こうした市場理論は、実は還元主義的世界観に依拠しつつニュートン力学（解析力学）の概念を経済学に移入して構築された代物にすぎない。だが、それがわたしたちが営む市場経済の現実をうまく描いているとはとうてい考えられない。特に問題となるのは、他律集中型市場の理論は、貨幣なしでもあたかも物々交換のように経済取引が行えるとしているために、貨幣を媒介として売買が行われている現実の市場の意義を全く説明していないことである。

貨幣の機能として認識しなければならないことは少なくない。しかし、一番重要なプラスの機能とは何かについて、これまで経済学は何も述べてこなかった。この点について結論を述べておけば、貨幣とは、経済環境の複雑性を縮減して、人間が自律的な判断を行うことができるようにするための装置にほかならない。言い換えれば、貨幣は、あらゆる商品の経済的価値を一元的に表現することで、はじめて市場というネットワークを作り出す独立の情報媒体（メディア）なのである。しかし、これも「可能性」として与えられたものだということに注意しなければならない。

現実の市場＝自律分散型市場

現実の市場取引のほとんどは、貨幣を媒体とする売りや買いの形態をとる相対取引である。競り人が真ん中にいて、それがすべての価格を決定してくれるということはない。競り人がいるとすれば、すべての商品の需要や供給の情報を競り人へ集中し、それを一極的に処理しなければならないが、そのようなことを行うためには過大な負荷とコストがかかってしまう。それは何百万、何千万種類もの商品をもつ大規模な経済では不可能であるといってよい（第二章参照）。

したがって、現実には売り手と買い手という当事者同士が過去や近傍の相場価格を参照しながら、価格を決めつつ、一回ずつ独立に売買取引を成立させて行くしかないのである。かといって、物々交換では、取引をしようとする二人がお互いに相手の財・サービスを欲しがるという「欲望の二重の一致」がたまたま生じなければ交換は成立しない。幸いにして、貨幣があるならば、人々は貨幣をもっていればどの商品をも買うことができるので、この「欲望の二重の一致」という問題は解決されやすい。しかも、すべての商品の需要と供給を一時点で一致させるような大域的な均衡条件を全く考慮しないで適当な価格で独立に売りや買いを行うことができるのである。

このように、個々の売り手と買い手が局所的な情報と判断により価格を決定し、バラバラにしかも逐次的に売りや買いを行っていくような状況こそ、市場の現実的なあり方にほかならない。こうした自律分散型市場では、貨幣による個別の取引は、ある程度は独立の過程として分離されながら、緩やかに連結されることになるため、価格は一物一価ではなく、一般には一物多価になるであろう。それゆえ、そうした過程の相互作用からなるマクロ的全体は極めて複雑なものになる。

このように緩やかに結合された複雑系は自由度が高いために、残念ながら、全体としてどのようなふるまいを見せるかについて解析的な結論を述べることは一般にはできない。自律分散型市場のモデルを実現するプログラムを書き、コンピュータ・シミュレーションによる分析を行うしかないが、その場合、自由度を持つ様々なパラメータを変化させれば、特定のマクロ集計値は一点に収束するか、周期解になるか、さらには無限周期のカオスになるか、発散するか、様々な場合に分かれる。システムはロックインして安定的な相に入るかもしれないし、パラメータの微小な変化やわずかなゆらぎにより、分岐とのめりこみが生じ、累積的に進化するかもしれない。いずれにしても、システムは極めて複雑なふるまいをするし、ミクロ的なふるまいの集計からは予測しがたいマクロ的なふるまいを創発的に生み出すのである。

ミクロとマクロのふるまい

こうしたミクロとマクロのふるまいのなかで、貨幣は、社会全体の物財・サービスの生産流通・消費というフローを駆動しながら、自律分散型市場を作り出している。自律分散型市場は物財の生産流通消費からなる再生産過程と分かちがたく結びついており、それらを結びつけているのが、流通手段としての貨幣なのである。したがって、貨幣が市場という「場」を流通するというよりも、貨幣が流通することで市場という「ネットワーク」が絶えず形成されているのである。したがって、貨幣がうまく流通しなければ、市場というネットワークは形成されないのである。

貨幣が流通手段としてうまく機能しているかぎり、貨幣（M）は売買（Cx→M→Cy）における自分の商品（Cx）と他人の商品（Cy）を媒介する手段にすぎないので、貨幣（M）それ自身が価値ある物品であるかどうかは問題ではなく、それが広く貨幣として認知し受領されていれば、それ自身が価値を持たなくともよい。発行主体により金兌換が保証されている兌換紙幣や金兌換がなされない不換紙幣のみならず、名目価値を表象する象徴である鋳貨や紙券や名目的な計算単位である電子マネーでも構わない。

貨幣流通が円滑であれば、商品は首尾よく売れ、購買された商品は消費される。その時、市場というネットワークはうまく形成されている。しかし、貨幣流通が停滞すると、商品は売れ残り、在庫が積み上がってしまうであろう。この時、市場というネットワークはうまく形成されない。このように市場の形成も絶対ではなく、貨幣機能がうまく行く可能性に依存する「可能性のネットワーク」なのだ。新古典派の経済学では、貨幣を諸商品の間接交換を円滑にする潤滑油とみなすので、販売（供給）はそれ自身の購買（需要）を生み出すという「セー法則」が主張される。もしこれが成立すれば、マクロ的な総需要と総供給の不均衡は存在しないので、各財の市場におけるミクロ的な需要と供給の不均衡は価格調整を通じて解消され、すべての市場が均衡することになる。

しかし、こうした議論は、貨幣が人々により保蔵されて市場内に滞留することで、貨幣流通が円滑に進まない可能性が考慮されていないのである。市場をオークション市場のような場所やメカニズムと想定してしまうと、それが常に存在し、かつ存在し続けると錯覚してしまう。しかし市場は、貨幣がうまく流通する場合に結果として形成されるネットワークであり、したがってネットワークとしてうまく形成されない可能性を常に宿しているのである。

モジュール化と階層化

貨幣によって生成される実際の市場が新古典経済学の描く、他律集中型メカニズムという存在ではなく、自律分散型ネットワークという可能性であることをみた。次にこの自律分散型市場の特徴について、インターネットのアナロジーで見ていこう。

グローバリゼーションが、情報通信技術の発達と経済の情報化を背景としていることは既に見た。このような情報通信技術の劇的な発展は「情報通信革命」とも呼ばれる。情報通信革命の意義は、それが情報ネットワークを電話回線網からインターネットへ転換したことにある。

電話回線網は、電話交換機を経由して端末が間接的に接続される「集中型ネットワーク」である。これは「インテリジェント・ネットワーク」と呼ばれる。中継地点の超大型コンピュータが膨大な通話要求を自動的に切り替えて回線を割り当て、良質な音質を保証しているからだ。しかし、情報が集中する電話交換機に過大な負荷がかかり、それがダウンしたらネットワークの全体が麻痺してしまうし、ネットワークが複雑に結びついているので、部分的な技術革新が不可能になっている。これは、巨大な官僚組織や行政機構を持つ国家組織に似ている。

他方、インターネットは、各サイトのルータ（経路）をコントロールするコンピュータ間が直接接続され、ＴＣＰ／ＩＰというプロトコル（規約）に基づいてデータを「パケット」（小包）という小単位に分割して「バケツ・リレー方式」で転送していくような「分散型ネットワーク」である。これは、宛先が付されたデータを隣のサイトへ順繰りにリレーして目的地に届けようという、いささかいい加減な方式であるため、「スチューピッド・ネットワーク」ともいわれる。この表現こそ、分散型ネットワークが常にうまく行くものではなく、うまく行くべき可能性にすぎないことを表している。ＴＣＰ／ＩＰは、特定の物理的構造に依存しないオープン・スタンダードな「プラットフォーム層」であるため、どんなネットワークもインターネットの規格に準拠していれば相互接続できるし、どんなアプリケーションもこのプロトコルをサポートしていればネットワーク上で利用できる。これが通信コストを飛躍的に低下させた。

また、通信構造を階層ごとに独立化するため、技術革新がずっと容易になる。さらに、一部のサイトがダウンしてしまったとしても、他のサイトが生き残っていれば、ネットワークの全体が機能しなくなるということはない。インターネットはこうした頑強性も備えている。

パソコンの場合も、機種に依存しない標準によるシステム構成への移行により、要素技術が部品ごとにモジュール化した。結局、金融をも含む情報通信産業では、ＤＯＳやＴＣＰ／ＩＰのように、あらゆる情報を標準化して普遍的な流通可能性を可能にしたことで、モジュール化や階層化（アプリケーション層・プラットフォーム層・物理層という三層構造）が進み、それが急速な技術革新を可能にしているのである。

このように、標準化された符号によって情報の内容と媒体が分断され、技術の階層分化が生じたわけだが、それは情報の価値がその媒体とは独立のものであるという、情報の本質的な性格に基づいている。したがって、歴史を遡れば、モジュール化や階層化はコンピュータや電気通信の出現以前にすでに成立していたことがわかる。

一五世紀にグーテンベルクが発明した活版印刷技術の発展は、印刷―編集・出版―著作という三層構造を成立させた。この活版印刷による聖書は、カトリック教会の独占物だった写本に記されていた聖典の知識を一般に開放した。そのことで、個人が信仰や学問の主体になり、教会の絶対的権威は失墜したのである。

つまり、フラットな分散型ネットワークであるインターネットを可能にしたのは、このモジュール化や階層化なのだが、それは、最古の情報産業である出版業以来確立されていた「媒体独立性」という情報の本来的な性質を利用するものであり、情報通信技術はそれを純粋化・加速化しただけでしかない。しかし、この媒体独立性に基づくモジュール化と階層化の起源はさらに遡ることができる。なぜなら、これらはまさに市場において貨幣が可能にしたものであるからである。

インターネットと市場の同型性

インターネットでは、情報を大量高速に通信するために、データをプロトコルに基づき小単位のパケットに分割し、それをバケツ・リレー方式で様々な経路から目的地へ転送する。市場において、この小包の役割を市場で果たすものこそ貨幣である。

貨幣は、売りや買いをバラバラに行えるように経済価値を小包にして買い手から売り手へと転送するための情報媒体であり、予想と現実のズレを吸収する緩衝装置である。つまり、貨幣とは交換の便宜的な手段ではなく、商品売買の「場」である市場の形成者なのだ。

そう考えれば、インターネットと市場が同じ構造を持っているとしても何ら不思議ではない。インターネットは、活字が近代的個人を生み出し、カトリック教会の権威を解体したように、個人の表現の可能性をグローバルなレベルにまで広げ、国家や企業の共同性をも解体し、資本主義を情報の差異にのみ基づく世界経済システムへと変質させるであろう。しかし、この面から見たインターネットは、貨幣に基づく市場経済が封建主義的な共同体を解体したのと同じこと、すなわち「個」の解放と「自由」の拡大をいっそう推し進めているに過ぎないことがわかる。

だが、それとともに、インターネットは、従来とは異なるコミュニティや贈与交換原理に基づく新たな価値観をも生み出している。そのようなものとして、「フリーソフトウェア」(「オープンソース・ソフトウェア」もほぼ同じだが、含意がやや異なる)を取り上げることができる。

「フリーソフトウェア」とは、すべての人に変更や代価の有無を問わず使用・コピー、配布する許可が与えられているソフトウェアのことであり、とりわけソースコードが入手・改変可能であるということを意味する。つまり、フリーソフトウェアの「フリー」とは、無料ということではなく、コピーの配布や改良が「自由」であるということである。フリーソフトウェアは市場を頭から否定するものではない。それは、確かにマイクロソフト社のような独占的企業には反対するものの、様々なフリーソフトウェアをシステム構成して、一般のユーザーへ販売するディストリビュータ企業の存在は認めている。フリーソフトウェア運動はむしろ独占的な著作権（コピーライト）に反対する自由思想に基づいている。このためフリーソフトウェアの考え方は「コピーレフト」とも表現される。コピーレフトは「公共使用許諾書（GPL＝General Public License）」によって完全に保証されている。GPLとは、それが適用されたプログラムを改変した場合、改変後のバージョンにもGPLを付けなければならないと再帰的に規定するライセンスである。ハッカーたちは、利益ではなく評判、尊敬、創造の喜びを求めてプロジェクトに参加し、相互に協力しながらフリーソフトウェアを改良・革新している。彼らは、自律しつつ協同することで、自由、共有、協同、情報公開という理念に基づくコミュニティを自己組織的に形成しているわけである。それは、個人の自覚的な意志や選択に基づいて形成されるのであって、血縁や地縁で結びつく受動的で閉鎖的な共同体とは異なる。フリーソフトウェア・コミュニティとは、自由の領域を拡張する運動であると言えよう。このような自由を前提とするコミュニティ思想は、後述するコミュニティ通貨においても見られるものである。

いまやインターネットと市場はよく似ていることは明らかであろう。インターネットで見られた、媒体独立性に基づくモジュール化と階層化は、まさに市場において貨幣が可能にするものである。貨幣は、それ自身が価値の担い手になることにより、商品の販売と商品の購買を相互に独立な過程として切り離し、インターネットにおけるパケットのように、情報をカプセルにしてリレー方式で情報を伝達する。このため、貨幣を持つ買い手は任意の場所で、任意の時間に任意の商品を買う自由と、商品を買わずに貨幣を保有する自由の両方の可能性を得る。また、商品の売り手は、自らの情報と判断により価格を付けて販売する自由を持つ。貨幣が経済主体の意思決定における自律性と自由を可能性として確立しているのである。こうして、経済主体は貨幣を媒介にしてバラバラにしかも逐次的に売りや買いを行っていく。市場とは、そうした個々の相対取引のマクロ的集積として形成されるネットワークにほかならない。

こうした自律分散型市場では、個別の取引は独立のものとして分離されながら、緩やかに連結されている。貨幣とはモノとモノの間接交換のための便宜的な手段ではなく、売買が連鎖するネットワークとしての市場の形成者である。貨幣のおかげで、市場はインターネットと同様の自律分散型のネットワークになりうるのだ。

合理性の限界における貨幣の役割

貨幣によって市場はインターネットと同じく、中心のないネットワークになりうる。それは柔軟で頑強であるが、常に必ずしも効率的ではない。貨幣がうまく機能しなければ、このネットワークは予想外の激変を示す。

市場においては、貨幣は、商品の売りと買いを相互に独立な過程として時間的・空間的に切り離す。売りや買いはそれ以上分割できない素過程であり、モジュール（部品）である。売買の中で、貨幣が価値情報のカプセルを買い手から売り手へと次々に受け渡すことを通じて、商品流通が逐次的に成立していく。いま見てきたように、インターネットでは情報のカプセルである「パケット」がバケツ・リレー式に伝達されるが、パケットと同じような役割を貨幣が果たすことによって、市場はインターネットのような中心なきネットワークになりうる。その過程で、相対取引の集積体として分散型市場が生成される。このように、貨幣は、切り離しと情報のカプセル化という機能を通じて分散型市場を生成するプラットフォームメディアなのである。

さらに、貨幣は、集中型市場において生じる情報収集、計算、実行上の合理性の限界という問題に対して、次のような解決方法を与える。

まず、ミクロレベルの自律的主体は、プラットフォームメディアである貨幣を前提にして、一定のルーティンやルールに依拠した分散的な意思決定や活動取引を行うことができる。大規模で複雑な経済では、売りや買いというユニット取引に分解し、経済主体が価格や数量を相対で決定して、取引を逐次的分散的に実行するのが実行可能な方法となる。

次いで、マクロレベルでは、プラットフォームメディアである貨幣を媒体とするミクロ主体間の相互作用が自己組織的（自生的、自己創出的）にマクロ的な制度（たとえば、市場や信用）や秩序（たとえば、経済成長や景気変動）を生成し、その帰結がミクロレベルの自律的主体へとフィードバックされる。こうしたミクロとマクロの相互規定的因果関係を通じて、経済社会の全体が運営される。

物々交換では、ある財と別の財を直接交換するためには、「欲望の二重の一致」が必要であった。貨幣を介する間接交換、すなわち、市場における商品売買は、この厳しい条件を除去することができる。しかし、それだけではない。間接交換は、直接交換で必然的なある財と別の財の同時的交換というもう一つの厳しい条件をも除去する。なぜなら、貨幣を伴う間接交換では、ある商品を売って得た貨幣を必ずすべて支出して別の商品を買う必然性はなく、貨幣を将来へ持ち越すことができるからである。この時、予算制約式（収入＝支出）は等号で満たされる必要はなく、不等号でも構わない（収入∨支出）。さらに、信用による貨幣貸借を考慮すると、この不等号は一時的に逆向きでもありうる（収入∧支出）。

このように、主体は各時点で貨幣をストックとして保有するので、予算制約にたるみが生じる。貨幣とは、主体に対して、任意の時間空間に任意の商品を選択して買う自由と、何の商品も買わずに貨幣を保有し続ける自由を与えるメディアである。そのおかげで、経済主体は自由度の高い自律的決定を行いうる。

ある財の需要と供給を一致させる一つの価格によってではなく、経済主体が自己の判断に基づいて価格を設定し、売りや買いを逐次的かつ分散的に行うと、同時点で一物多価が生じる。いま、売り手として企業を考えれば、この場合、多くの企業において商品の売り切れや売れ残りが生じ、全体は必ずしもうまく調整されない。ある企業のある期の実現販売収入が予想販売収入に満たず、赤字計上することもありうる。しかし、その損失が保有現金の一定の範囲内にとどまっていれば、当面、必要な原材料や資材を購入して生産を連続的に遂行することができるので、将来利益を上げればよく、直ちに倒産というかたちで経済的に淘汰されないですむ。

一般に、経済主体は一定額の貨幣を蓄蔵することによって、生産、流通、消費のような一連の経済活動を中断することなく連続的に営むことができる。それは、ストックとしての貨幣が、不確実な状況下における予想と現実のギャップを吸収するバッファ（緩衝）として機能するからである。貨幣ストックをバッファとして保有する経済主体が、貨幣フローをメディアとして利用して行う個々の売買が市場をボトムアップに形成する。したがって、市場経済は、主体が緩やかに相互連結される分散型システムであり、多対多の非線形的な関係により構成される複雑系である。市場経済は、インターネットと同じようにフレキシブル・頑強・創発的といった性質を持つが、それが安定的かつ効率的（静学的な意味で）であると期待すべき理由は存在しない。内包される非線形性やネットワーク外部効果などのために、ゆらぎが自己強化過程で増幅され、カオス的な変動や相転移が生じる可能性は大きいのである。

分散型市場では、「供給はそれ自らの需要を作り出す」ことによって、すべての財について需要と供給の一致を保証する「セー法則」が成り立たない。セー法則は、物々交換の状況か、各個人の販売額（収入）と購買額（支出）が常に一致し、貨幣ストックが存在しない状況でしか成立しないのである。貨幣ストックが存在し、個々の主体が貨幣残高を自由に決定できるとすると、商品の需要と供給はそれぞれ独立な変数となるため、一般に、マクロ的な総需要と総供給は一致しない。このため、市場の自動調整メカニズムは有効に機能せず、多くの場合、不完全雇用や不況を伴うマクロ的な景気変動が生じるであろう。

また、こうした市場の下では、静学的な競争均衡の存在や安定性に関する議論に基づいて、完全競争市場はパレート効率的であると主張する厚生経済学の基本命題も成り立たない。

このように、分散型市場では、価格メカニズムの安定性や効率性は何ら保証されないどころか、投機による価格の乱高下、バブルの形成と崩壊という現象が準周期的に発生し、価格変動も正のフィードバックによるトレンドが形成される。

分散型市場は、極めてダイナミックで不安定だが、多様性や新規性を生み出す能力も備えている。さらに、分散型市場における貨幣は情報機能をも果たす。貨幣は、その価値尺度機能によって、大規模で複雑な外的環境の複雑性を縮退して、あらゆる価値（経済的のみならず、文化的倫理的価値も含む）を一次元で表す。多様な価値情報の一次元化は、過度の単純化を免れないものの、世界の複雑性を縮退することで過大な情報負荷の問題を回避しつつ、意思決定と実行を可能にするための実行可能な情報フローを生み出す。この意味で、貨幣は人間が迅速で自律的な判断を行うのを助けるための価値情報媒体である。

貨幣の情報機能

貨幣が状況の複雑性を縮減し、人間の自律的判断をいかにして助けるかを、企業を例にとって具体的に見てみよう。製品や原材料仕掛品の在庫残高の増減は、市場における需要に対する供給の相対的な大きさを企業に伝達するシグナルである。

在庫の増大は、売れ行きが悪く、需要に比べて供給が多いことを教えてくれる。在庫が閾値を超えれば、企業は生産量を減らすべく、生産設備の稼働率を引き下げ、原材料発注や雇用を削減するであろう。それでも、売れ行きが改善せず、在庫がさらに積み上がり続けるならば、企業は生産設備の稼働停止や工場の閉鎖など、よりドラスティックな調整を強いられるであろう。

このように、在庫は企業に市場の販売動向を教える情報の役割を果たす。こうした調整行動は定型的であるが、どの程度在庫が積み上がれば、生産をどの程度、どのように削減するかに関する調整ルールは様々ありうる。企業の調整行動の多様性や異質性は、このような調整ルールの特徴の中にある。

貨幣も在庫と同じような情報機能を担っている。ここでいう貨幣とは、企業の当座資産（現金預金、受取手形、売掛金、有価証券）など短期間に現金化できる資産を指す。設備や土地などの固定資産は流動性が極めて低い。流動資産には、当座資産のほかに、在庫（製品原材料仕掛品など）である棚卸資産があるが、これは完成品である商品が売れなければ貨幣にならないので、当座資産より流動性が低い。

ここで、固定資産、繰延資産、流動負債、固定負債、資本金が一定であり、前期からの利益や損失の繰り越しがないと仮定すると、貨幣（当座資産）は、当期純利益が上がれば増え、当期純損失が出れば減る。商品の売れ行きが良くなれば、在庫（棚卸資産）は減る一方、貨幣（当座資産）は在庫の減少分と純利益の分だけ増えるので、流動資産は純利益分だけ増加する。逆に、商品の売れ行きが悪くなれば、在庫（棚卸資産）は増える一方、貨幣（当座資産）は在庫の増加分と純損失の分だけ減るので、流動資産は純損失分だけ減少する。いまは流動負債を一定としているので、純利益が出て貨幣（当座資産）が増えれば、短期負債に対する企業の現金支払能力を表す当座比率（当座資産／流動負債）は大きくなる。逆の場合は、逆である。このように、貨幣（当座資産）の増減は、当該企業の商品の売れ行きや損益を測るためのシグナルの一つである。

こうした会計情報は当該企業のみならず、その取引先、金融機関や投資家にとっても極めて重要な意味を持つ。というのも、貨幣（当座資産）や当座比率の増減は、企業の経営戦略が利益を上げるために適切であるかどうかを判断するための簡便だが有益な情報であるからである。利益が出て資産が増えれば、企業の現状の経営方針が市場の動向に合致したという意味で「正しい」決定であったことを確認できるので、現状の維持ないしその方向での拡大が是認される。他方、損失が出て資産が減れば、企業は現在の意思決定のあり方を再点検しなければならない。このように、貨幣ストックは、その所有者の行動や意思決定を左右する有益な情報を提供するのである。

貨幣の様々なルール

詳しくは次章で述べるが、経済社会における財の生産流通—消費を相互調整し、社会の再生産を可能にする経済調整制度として、市場における交換、コミュニティにおける互酬、国家における再分配の三つがある。

この交換、互酬、再分配のいずれにおいても貨幣は使用されうるし、歴史において使用されてきた。貴金属を素材とする金属貨幣が支配的になる以前には、主に家畜や穀物のような物品貨幣が使われた。

互酬における贈与と返礼、再分配における徴税と分配では、貨幣を使わずにモノやサービスのやりとりとして行うこともできる。事実、市場経済が十分に発達する以前は、互酬では贈物、供宴、労務提供、再分配では穀物、特産物、工芸品、武器、労務兵役提供など、貨幣が介在しないで行われるのがむしろ一般的であった。つまり、互酬や再分配という経済調整制度では、貨幣の利用は可能であるが、必然ではない。

これに対し、市場では貨幣の利用が必然的である。つまり、貨幣はコミュニティの互酬、国家の再分配でも使用されうるが、互酬や再分配で利用される貨幣は、市場で使われる貨幣とは異なるルールを持っている。次に、市場における貨幣のルールについて、考察してみよう。

市場は、貨幣による商品売買を前提に成立し、多様な物品に関して多量かつ恒常的に売買が行われることをその特徴とする。市場とは、貨幣を介して行われる大量の売買取引が形成するネットワークである。

市場は、魚市場、青果市場、商品取引所、株式市場などのように、多数の売り手と買い手が特定の商品を特定の売買締結、価格形成方法（価格優先時間優先原則、個別競争売買原則〔板寄せ方式やザラバ方式など〕）に従って大規模に売買するために運営されている特設取引所を意味することもある。しかし、そうした組織化された集中型市場は市場の特殊型にすぎない。より一般的な市場は、売り手と買い手が一対一で行う相対取引の集積として形成される分散型市場である。個々の相対取引は、貨幣対価を前提として、特定の商品の数量価格に関して売り手と買い手の双方が同意すれば実行される。

貨幣は市場における商品売買を可能にするための交換手段であるが、それは、どのような調整制度の下でも同じ経済的機能や社会的役割を果たす、制度中立的な交換媒体ではない。たとえ物理的特性やそれが果たす諸機能の点で同じでも、発行・管理する主体、売買可能な商品、流通範囲に関するルールが異なれば、それは別の貨幣制度である。

たとえば、互酬では貝殻の腕輪や首飾り、大きな石貨のように、美しさ、親密さや友愛といった文化的価値や名誉・地位といった社会的価値を担った貨幣が使用される。再分配では、国家権力を背景に公吏への俸給支払や徴税のために発行される悪質な鋳貨や不換紙幣が用いられることもあるが、国家権力が及ばない世界市場では、金地金が貨幣として使われる。このように、貨幣の物質的素材や物理的特性をも含む、貨幣に関する様々なルールは、市場における交換、コミュニティにおける互酬、国家における再分配といった経済調整制度のあり方を規定する複製子（遺伝子）であると考えられるだろう。

コトとしての貨幣

こうしてみれば、貨幣の本質は貴金属や物品のようなモノにあるのではなく、ルールというコトにあることがわかる。コトとしての貨幣が経済調整制度の複製子であり、市場、再分配、互酬などの具体的な経済調整制度のあり方を決定づける。従来、貨幣は経済制度である市場から独立した効率的な交換手段であり、市場の特性に何ら影響を与えるものではないと考える傾向があったが、それは、依然として貨幣をモノと考えてきたからであろう。貨幣は、商品や資本と同じく市場形式の一つであるが、貨幣がなければ市場は存在できない。その意味で、貨幣は市場のプラットフォーム制度なのである。

市場にも多様性がある。異なる市場の制度的特性は、複製子である貨幣の特性によって決定される。物品貨幣は域内・国内市場を形成し、金貨幣は広域・世界市場を形成する。現金通貨は少額取引の市場を形成し、預金通貨は高額取引の市場を形成する。また、金本位制は正貨自動流出入メカニズムによる為替相場の安定をもたらすが、変動相場制は差益をできるだけ獲得しようと売買する投資家・投機家の思惑と競争によって動かされており、為替相場を安定化するそうしたメカニズムを備えていない。もちろん、貨幣が市場の特性のすべてを決定するわけではない。会計制度、商取引、民法、商法、独占禁止法などの各種の制度や法の全体が市場の特性を決定する複製子である。

貨幣が経済調整制度の複製子だとすると、それに対応する相互作用子はこうした経済制度を採用することになるコミュニティや経済社会であり、個人や企業ではない。貨幣制度の社会的有効性は、外部ルールである貨幣を個人や企業が内部ルールとして受容するか否か、すなわち、外部ルールの内部化により決定される。大多数の個人や企業が受領する貨幣は流通し続け、その信用と価値は安定するが、個人や企業の多くが不信を抱いて受け取らない貨幣は、その価値を低下させる。他方、個人や企業が貨幣制度にいかにうまく適応し、それを利用するかにより、その社会における個人や企業の適応度が決定される。うまく適応できなければ、所得や資産を減らし、最後には破産や倒産に陥ることになり、再生や更正の道は残されているとはいえ、経済的淘汰や社会的制裁を受ける。このように、淘汰は個人や企業という経済主体のミクロレベルだけではなく、貨幣やその他の制度のメゾレベルでも生じ、それを通じてマクロ経済社会の動態が決まってくる。こうした多層的な淘汰の中で、経済主体や貨幣は単一化するのではなく、むしろ多様な変異を示しながら変遷していく。

たとえば、そうした進化過程の中で個人が貨幣をどう認知・受容し、価値づけるかを「貨幣意識」と呼べば、それは性、年齢、国籍よりも、職業、教育、経験といった後天的要素によって異なってくる。貨幣意識が個人間で異なるのは、同じ貨幣という外部ルールに対しても異なる内部ルールが多様に分布していることを意味する。こうした多様性が経済社会に対してどのような意味を持ちうるのかは、今後の研究課題である。

自律分散型市場の利点と欠点

最後に、自律分散型市場という観点に立つとき、市場の功罪はどう捉えられるのかをもう一度ここで整理しておこう。一定の条件付きではあるが、以下の三点が市場の利点である。

(一) 市場で企業が自由に競争すれば、価格競争の結果、同一商品の価格が下がる。

(二) また、企業による新技術・新商品の導入という革新(イノベーション)と普及の結果、同一商品の価格低下と品質向上、技術や商品の多様化が達成される。ただし、企業は利潤を求めて価格競争や革新を行うのだから、自然環境に対する負荷や人体や社会に対する影響を常に考慮しているわけではない。技術や商品の多様性といっても、それは極めて偏ったものである。したがって、市場は多様性を限定された形で実現すると見るべきである。また、市場は自由になればなるほど効率的だとは言えない。規制緩和や自由化の問題点はここにある。

(三) また、契約の自由を基盤にする市場は、自由を支える一つの重要な政治的な枠組みでもある。市場は自由な個人の自律性を確立する。市場を廃絶すれば、旧ソ連のように、計画策定のための経済的権限を基盤とする巨大な政治的権力が党や国家に集中し、個人の自由が抑圧されてしまうであろう。市場は、政府による全般的な経済計画や経済介入を排除するという点で、国家主義や独裁主義に対する防波堤の役割も果たしている。ただし、どのようなものに私有財産権を設定するのか、そのうえで、どのようなものを売買・投資の対象から除外するのかは、市場自身が決めることではなく、基本的に道徳や慣習に基づく法に依拠している。それは人々の価値や規範の変遷のみならず、企業や経済団体のロビー活動からも大きな影響を受ける。

だが、自律分散型市場は、明らかに不完全なものである。売りや買いがバラバラに行われると、一物多価になり、商品の売れ残りや売り切れがあちこちに生じ、全体は必ずしもうまく調整されないだろう。市場経済は、インターネットと同じようにフレキシブル・頑強・創発的といった性質を持っている。しかし、それは必ずしも安定的・効率的であるとは言えない。内包される非線形性のために、ゆらぎが自己強化過程で増幅され、予期しなかったような激変が生じる可能性も大きいからである。このような市場の短所としては以下の三点が挙げられる。

(一) 市場を自由化すれば、経済や金融の不安定性は増大し、景気の変動は増幅される。好況では、銀行は信用創造により貸出を増やし、それが様々な投資へ向かう。設備投資などの実需に向かえば、一定期間は景気は持続し経済は成長するが、やがて利益の機会が少なくなるので、株式や不動産と投機的な資金が流れ、バブルが膨張する。しかし、利子率が上昇すれば一気にバブルははじけ、不良債権が積み上がり金融危機から不況が発生する。こうした景気変動は、倒産や失業を通じて貧富の格差を拡大する。

(二) 市場での競争を通じて技術や商品の多様性が実現されるものの、それは他面において公害や自然破壊を伴うし、また不必要とも思える多様な商品が供給されることも少なくない。また、企業は過剰な広告や宣伝により消費者の欲望をあおり立てる。市場は多様化を実現するかに見えて、実際には人々の生活を画一化し、多様なライフスタイルの選択を不可能にする。

（三）市場における貨幣を通じた売買は、人々の関係を切断し、コミュニケーションの質を希薄なものにする。また、適者生存の論理は弱者や敗者を切り捨て、結果的に社会全体のモラルを低下させる。

そして、グローバリゼーションに伴い種々の問題が生じるのは、このような市場の短所が目立ってきているからである。こうした問題を解決するには、市場のプラス面をも継承しつつ、マイナス面を克服するような市場社会を構想しなければならない。本章で見てきたように貨幣が市場を作ると言えるならば、どのような展望が開けるのだろうか。もしわたしたちが貨幣の性質を変えることができるならば、それにより形成されるネットワークとしての市場の性質も変わるのではないか。そう考えるとき、現在の法定通貨とは違う新たな貨幣、そしてそれに基づく新たな市場社会の制度設計の可能性が開けてくるのである。

詳しくは第五章で述べるが、予め結論を先んずれば、わたしは、現在の貨幣のあり方を変えることと、そのためにもまずはコミュニケーション・メディアとしての貨幣のあり方を捉え直すことが、現在のグローバリゼーションが生み出した様々な危機を乗り越える突破口になると考えている。

第四章●市場の内部化と資本主義経済の進化

経済理論はどう評価されるか

　現代の経済学には様々な経済理論が共存しており、市場や貨幣、資本主義についてそれぞれ別の見方や分析を示している。なかには、市場経済を分析対象とするだけで、資本主義経済なるものは存在しないと考える理論もある。そうした考え方の是非も含め、より妥当な記述、納得のいく説明、客観的な分析を行える理論が高く評価されるべきであろう。

　しかしながら、実際にはそうした観点だけで理論が評価されるわけではない。各理論はその中心部にアプリオリに正しいと仮定する公理を置いている。それは元来、現代の経済社会を妥当かつ適切に記述し説明するためのものなのだが、同時にそれは、成長、自由、平等、公正といった規範の観点から現代の経済社会が「どうあるべきか」という価値判断を間接的に示していることが多い。

　というのも、何らかの公理・公準を出発点に置いて理論を作るためには、まず初めに、理論家が自らの価値や関心に基づき現実のうちいずれの側面を重視するかを予め判断し、そうした判断に基づいて現実に関する一定のヴィジョンを形成する必要があるからである。そうやって抽出したヴィジョンを構成する要素や要因を選択する一方で、他の要素や要因を捨象することで、首尾一貫したモデルを作り、説明を行うことこそ理論的な営みであるとすれば、それは現実を「どうであるか」と記述するための取捨選択とそれを行うための一定の規範的判断を暗黙的に伴わざるを得ないのである。この点で、理論はありのままの現実を記述するものではなく、一定の視点から切り取られ、構成された現実を記述するものであり、その切り取り方にこそ理論家の認識・関心が込められているのである。これは、単に理論が現実を客観的に記述しているかどうかというような基準で判断できないことを意味する。

このことを写真の比喩で説明してみよう。写真とは、絵画などと比較すれば、極めて客観的に光景を描写する技術であると信じられている。しかし、写真は本当に「客観的」であろうか。撮影者が一枚の写真を写すためには、どういう瞬間にどういう被写体を、どういうカメラやレンズやフィルムで、どういうフレームや角度で、また、どういうシャッタースピードや露出で撮影するかを選択しなければならない。そうした一連の選択は撮影者の価値や関心によって決定されている。従軍カメラマンが撮った一枚の写真を考えてみよう。彼の関心や動機が、たとえば、自軍の勇敢さや優勢を示すためか、敵軍の卑劣さや劣位を示すためか、戦争そのものの残酷さや悲惨さを訴えるためか、はたまた、疲弊し故郷を思う兵士たちへの共感を誘うためなのかによって、選択すべき瞬間、対象、フレーム、視点等は自ずと異なってくるはずである。一枚の写真を撮るということは、撮影した瞬間におけるフレームの外の光景を捨象するということでもある。その結果、同じ瞬間の同じ戦争を撮ったものだとしても、全く異なる光景を写し出した写真になるのである。このように、一見すれば客観的現実をそのまま写し撮るかに思える一枚の写真が、撮影者の関心や価値に依存する、いかに多数の選択の産物であるかがわかるはずだ。そして、それを見た者が受ける印象や感覚も全く違ったものになるのである。

したがって、様々な理論の評価は、人々が現実の経済社会についてどういうヴィジョンを抱き、どういう価値判断を行っているかに応じて分かれてくる。たとえば、現代の市場経済は自由を奨励し、成長を促進しているという理由でこれを評価する人は、そうした側面や要素に焦点を当てて現実を記述・説明するような理論こそ現実を「客観的」に説明するものであると考えるから、それを高く評価するであろう。しかし、現代の経済社会は平等や公正を著しく欠くと考えている人は、この同じ理論が現実を「客観的」に記述していないことに不満を抱き、それを低く評価するであろう。そして、むしろ、公正や平等といった視点から現実を記述・説明できるような理論を客観的な理論であると賞賛するであろう。このように、経済理論は経済学者や一般の人々によって、その中核的な仮説に含まれる規範や価値についても評価されざるを得ない。

さらに、経済政策は何らかの経済理論に基づいて立案され実行されているのだから、そうした政策の有効性によって経済理論は評価されることになる。ある経済理論に基づく景気対策によって実際に景気がよくなり、人々の暮らしが上向けば、そうした理論は評価されるだろう。逆に、景気が少しもよくならなければ、そうした政策や理論の評価は下がるはずだ。

しかし、政策の帰結の是非に関する評価とは別に、政策実行の可否もまたもう一つの評価である。ある経済政策が現実に実行されるということは、そういう政策の背後にある理論や、その理論が含意する価値を支持する人が相対的に多くいるということである。人々の価値・関心の分布が政策評価に強い影響を与えるのだから、ある政策の実行自体が、政策を支える理論や価値の評価を表している。仮にそうして支持された政策が実行され、有効ではなかったとしても、その背後にある理論が焦点を当てた価値や規範は多くの賛同を得ているのだから、その理論の根本的仮定は否定されていないことになる。その場合、分析をやり直し、理論の帰結を変えて、新たな政策的な処方箋を書き直すか、分析はそのままで、より有効であると思われる処方箋を書き直すかするだけでよい。

このように、経済理論はその理論自身の客観性や妥当性だけで評価されるものではなく、現実には、その応用としての政策の採否やその有効性によっても評価されている。こうした評価は、理論自体の内容だけでなく、理論が置かれた経済社会の環境や人々の価値観の分布に大きく依存することになる。これはすなわち、全く同一の理論が時代文脈や政治的状況次第で全く別様に評価されてしまう可能性があるということなのである。そして、それが政策として応用されるか否か、政策として実行されたならば、それが有効かどうかということも、同様にそのような要因の影響を受けるということである。もし経済理論が、その評価やその応用としての政策の有効性についての記述を含むべきであるとするならば、それは、経済的状況のみならず、人々の価値や意見の内容やその分布という「現実」をも説明の対象としなければならないということである。これは、自然科学と社会科学の根本的な違いを示している。

三つの経済調整方法

本章では、資本主義についてわたしが唱える「市場の内部化」という概念から詳細な考察を試みたい。それは、第一章で取り上げた、グローバリゼーションとして進行する市場の「外延的拡大」と「内包的深化」をより大きな歴史的パースペクティブの中に位置づけし直し、資本主義の生成と進化のプロセスを理論的に再構成することにほかならない。その目的は、第一に資本主義とは何かを説明することにあり、第二に資本主義が完成したシステムではなく、いまも進化し続けていることを示すことにある。ここでは、資本主義というものは果たして存在するのか、次に、それはどのように存立しうるのか、その長所と短所は何か、また、それはどういうように進化していくのかを問うていく。

経済理論について先に述べた議論の帰結として、資本主義とは何かという問題は、資本主義をどのような関心や視点から捉えようとするかという資本主義のヴィジョンに依存しているということをまず指摘しておこう。

資本主義とは、一方で、特定の特徴を備えた客体である経済システムを意味すると多くの場合考えられている。また他方で、企業や人間という主体が利潤や蓄積を守銭奴のように無限に追求する傾向にあるという、目的、動機や欲望の特殊なあり方を指すこともある。このいずれも部分的真理を含んでいる。わたしたちは資本主義を客体と主体の両側面からとらえなければならないと考える。資本主義とは、一定の性質を持つ完成した経済システムを指すと同時に、そうしたシステムを作り上げ、変化させていくようなルールの束である制度を意味する。企業の目的や人々の動機はそうしたルールを自らの中に取り込むことでプログラム化されるものなのだ。

予め断っておけば、本来、経済学とは、市場経済だけでなく、経済一般を対象とすべきものである。わたしたちは、経済というと市場経済、それも現代の市場経済ばかりを考えがちである。しかし、市場経済は必ずしも必然的なものではなく、ちょっとした偶然から誕生し、世界中に普及してしまったものなのかもしれない。市場経済の普遍性はわたしたちが感じているほど絶対的なものではないかもしれない。

人々はかつて、いま自分が生きている場所が宇宙の中心であり、宇宙が地球の周りを回っているという天動説を信じていた。しかし、わたしたちは実際にはこうした天動説ではなく、地球は太陽の周りを回っているという地動説が正しいことを知っている。このように、市場経済を当然と思っている自分が天動説を信じていた中世の人々と同じように、自分がいる場所を常に世界の中心であると信じるがゆえに、自分が置かれている位置関係を把握できていないかもしれないとまずは疑ってみるべきなのだ。そうすれば、市場経済とは異なる経済もありうるということが想像できるようになるだろう。

こうした経済一般の再生産を可能にする経済制度には、市場以外に、国家やコミュニティがある。市場経済以外に国家による計画経済やコミュニティによる互酬経済などの非市場経済が存在するのである。

動物が生きていくためには最低限の食料や水を得る必要がある。そのためには、草や木の実などの植物を食べるか、他の動物を捕食するかしなければならないであろう。人間もまた生きていくためには衣食住など必要最低限の財やサービスを消費しなければならない。人間が採取や狩猟から食料を得ていた限り、その収穫は不確定で、生活は安定しなかった。しかし、地球上の気候に合わせて穀物や果樹など植物を育て、それを定期的に収穫するようになると、初めて生活も安定する。農業でも鋤や鍬など道具の発達により生産性が向上すれば、当座消費しない余剰部分は干ばつや不作など天候の不確実性に備えて在庫を備蓄することができる。

分業が進んで産業の中心が工業になり、貨幣によって物品やサービスの売買が行われるようになると、生産者は原材料、機械や労働力を購入して生産を行い、生産物を販売して利潤を得るか、少なくとも損失を出し続けないようにしなければ、存続していくことはできない。こうした消資、生産、流通といった経済活動が繰り返されることにより、経済システムは再生産される（図4－1）。そのためには、財やサービスの生産と消費を調整し、財やサービスを生産者から消費者へ流通させるための経済調整方法が不可欠である。

では、経済調整を行うための方法にはどのようなものがあり、また、それはどのような場において遂行されるのか。カール・ポランニーによれば、そのような方法として、（一）交換、（二）互酬、（三）再分配の三つがあり、こうした経済調整方法はそれぞれ市場、コミュニティ（共同体）、国家といったシステムないし構成体が担っている。これらの特徴は次のようにまとめることができる。

（一）交換とは、等価の財やサービスを二人の私的所有者が交互に取り替えることだが、市場の経済調整としては、自由な契約に基づき一定の価格を持った商品とその価格に相当する貨幣の所有者が交互に持ち手を変えること（売りまたは買い）である。

（二）互酬とは、二者間では贈与と返礼（反対贈与）によって助け合うことであり、三者以上の間では贈与の連鎖が円環的に閉じることで共同利益を実現することであって、そのためのルールがコミュニティの慣習や伝統として継承される。

（三）再分配とは、国家や政府が制定する法律に基づいて、財やサービスないし貨幣を税として集権的かつ強制的に徴収し、計画的に国民に再分配することである。国家は、巨大帝国のような中央集権的権力（軍事的政治的経済的）の存在を背景にして、租税の徴収とその再分配を行う主体である。他方、コミュニティは、市場や国家とは異なる経済調整原理に基づく第三の社会構成体である。それは、市場における「交換」や国家における「再分配」とは異なる「互酬」という原型により成立しているのである。交換、互酬、再分配という三つの経済調整原理が、実は、フランス革命に端を発し、フランス共和国の三つの政治的理念である自由・平等・友愛にそれぞれ相当しており、さらに私的、公的、共的な領域に対応していることも確認しておきたい（図４－２）。

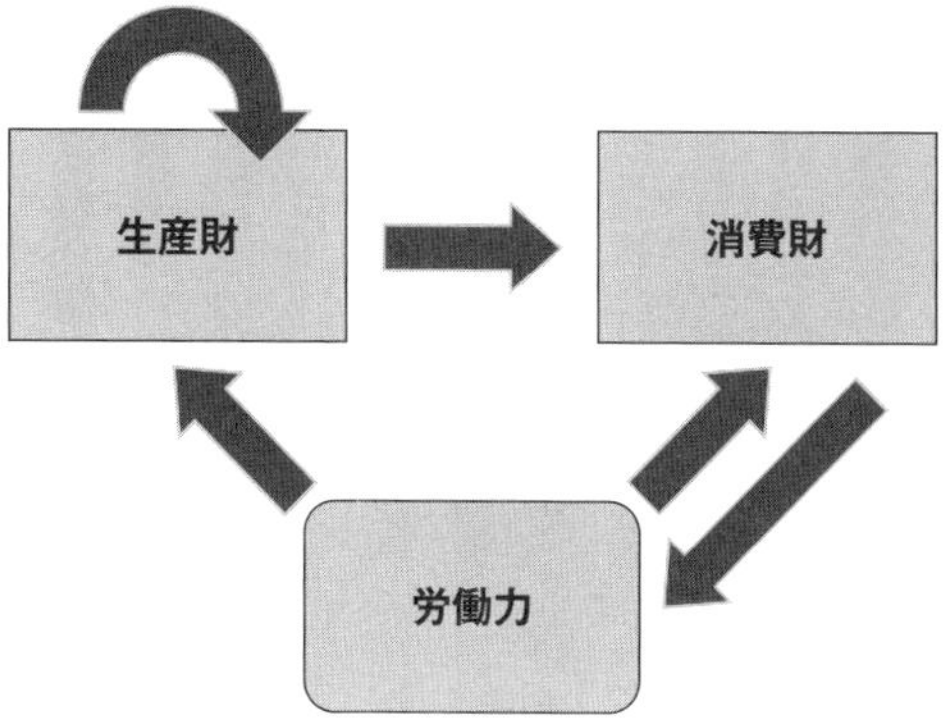

図4-1　生産過程

市場経済の特殊形態としての資本主義

では、「交換」に対応する市場経済や資本主義経済とはいったい何であろうか。

市場経済とは、生産・流通・消費という経済活動が主として貨幣を媒体とする自由な商品売買を通じて行われる経済である。そして、資本主義とは、市場経済の中でも、労

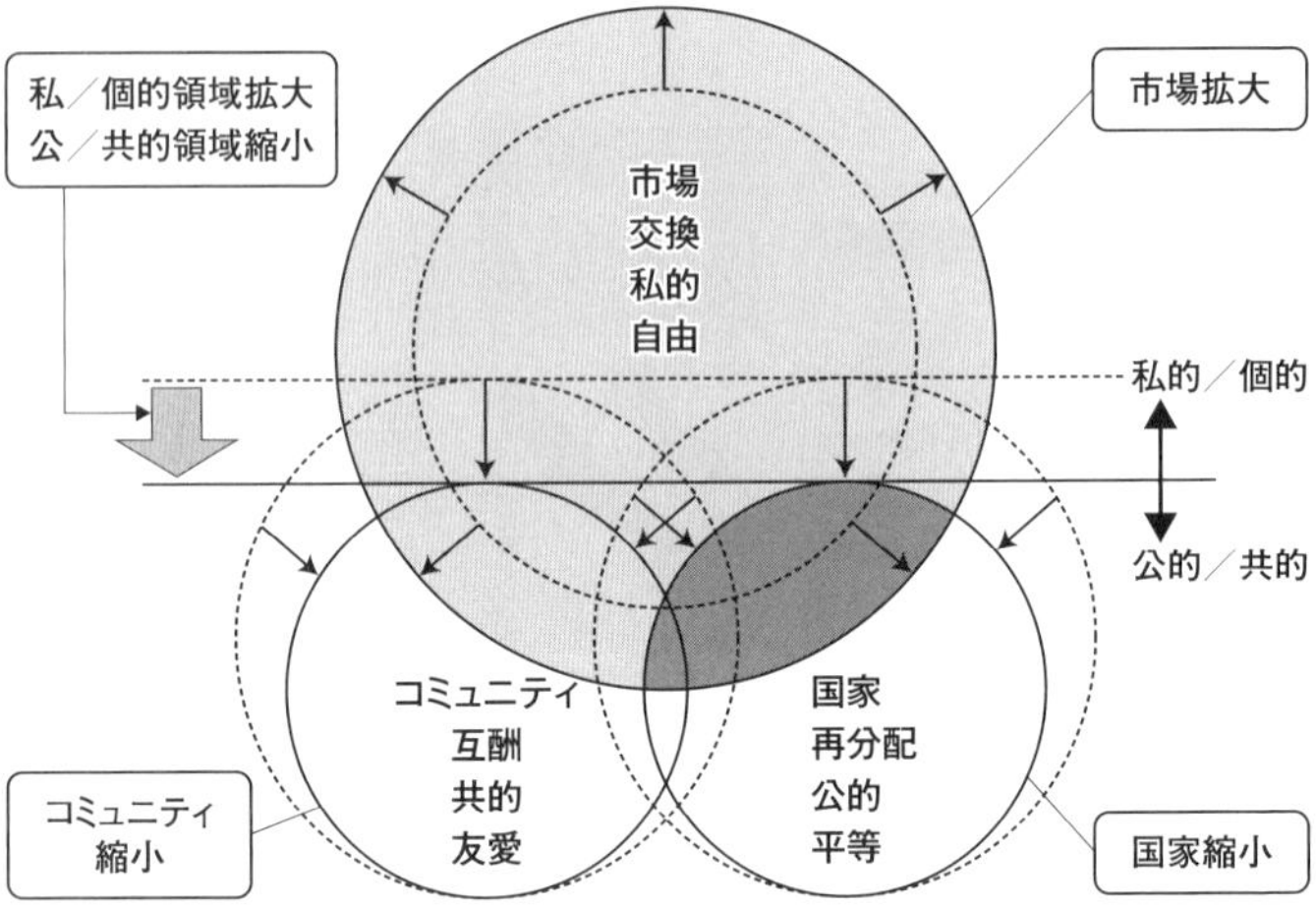

図4-2　3つの経済調整方法の「グローバリゼーション」における変化の傾向

働力を雇用して生産・販売を行い、利潤追求を行うことを目的とする産業資本（営利企業、現代では主に株式会社）が生産の主要な担い手となる特殊な形態の市場経済なのである。

経済主体間の関係が商品・貨幣関係として現れる様式を「流通形式」と呼ぼう。流通形式には商品（C）・貨幣（M）・資本（K）がある。およそ、あらゆる市場において、この三つが基本形式になっており、この形式の結合により市場関係が構成されている。

ここで、資本形式（K）には三つの種類がある。

まず、「利子生み資本形式」とは、貨幣をある期間、ある利子率で貸与し、約束した期日までに元金と利子を返済するという金貸しを行う資本形式である。これはM…M'（＝M＋ΔM）と書ける。ここで、「…」は流通過程の外部（産業資本では、生産過程）を、「Δ」は差益を表す。この資本形式が成り立つためには、借りた貨幣を増やして返済できるような別の資本形式がなければならない。それは、次に見る商人資本や産業資本である。利子生み資本形式は別の資本に寄生しなければ存在していけず、自立して存在することはない。

「商人資本形式」とは、商品の売買差益を追求する資本形式である。「価値保蔵手段としての貨幣を蓄積した資金で任意の商品を安く買い、それを高く売って利潤を獲得せよ」というのが商人資本のルールであり、個人ないし組織がそうしたルールを内部化しているならば、それは商人ないし投機家である。この形式は、M－C－M'（＝M＋ΔM）と書ける。ここで「－」は流通過程を表す。

ここで売買差益を目的として売買する商品（C）は必ずしも一般の財やサービスである必要はない。現在では、金融機関や事業会社だけでなく、多くの自営業主や個人が株、債券、為替、その他のデリバティブ等各種金融商品、不動産や貴金属、穀物などのコモディティなどを売買している。これらもすべて売買差益を目的とする取引であるのだから、彼らはみなこの限りで商人資本なのである。これは、市場の中に存在しうる最も普遍的な資本形式であるので「資本の一般的形式」とも言われる。この形式は、他の商品を買うための貨幣を得るために自己の商品を売る一般商品流通形式C－M－C'から派生するとはいえ、ルールと目的は全く異なる。商人資本は、取り扱う商品ではなく、売買差益である利潤を目的とするのだから、この形式は繰り返し利潤を求めて反復される。このように、資本形式はその形式の中に無際限に価値増殖を続けようとする可能性を持っている。これに対し、一般商品流通が目的とするのは、商品所有者が別の商品の機能や有用性に抱く欲求であるから、その別の商品を消費してしまえば、この欲求は充足されることとなり、この形式は一応そこで完結する。

ただし、これら金融商品では、商品を安く買ってから、高く売るという順番だけではなく、高く売ってから、安く買い戻すという形式もある。株の信用取引の売りなどの場合、売るべき株式を借りてきて先に売り、後で安くなったところで買い戻し返済することが行われている。差額決済取引である。FXやデリバティブは売りから始め、買い戻した時に差額を決済することができる。この場合、形式としては、C－M・M－C'となるが、これはM－C－M'の買いと売りの順番を逆にしたものであり、一般商品流通形式であるC－M－C'とは異なる。

三番目の資本形式として登場してくるのが産業資本である。産業資本は、機械・原材料などの生産手段（MP）や労働力（L）などの生産投入物を商品として購入（M－C）して生産（C…P…C'）を行い、生産物を販売（C'－M'）することで利潤（ΔM）の獲得と蓄積を繰り返す流通形式である。したがって、このスキームはM－C…P…C'－M'（＝M＋ΔM）と書け、両側の流通過程の中に生産過程が包み込まれる形になる。その担い手は、労働力を市場で雇用することにより、何らかの製品を製造販売する営利企業である。職人や個人事業主が自分の工場で製造を行い、製品を販売して利潤を得るということはありうるが、そこで利用される労働力が自分および家族・親族だけであれば、それは産業資本にはならない。

一般に、産業資本の登場によって資本主義経済が成立するとされるが、産業資本形式が成立するためには、労働力を労働市場で買えなければならない。日本のマルクス経済学者である宇野弘蔵はこの労働力商品の存在こそ資本主義市場経済の根本条件であると考えた。この宇野の考えを認めたうえで、労働力商品化のあり方が高度化していくにつれて、資本主義市場経済が進化していくことを後で見ることとしよう。

産業資本内部での資源配分は資本家ないしその代理人である経営者の指揮監督に委ねられており、計画原理に基づいて行われる。労働者は労働の条件や内容を労働契約で定めているとはいえ、就業時間においては企業の命令指揮系統に属している。また、生産は大規模に行えば行うほど、製品一単位あたりの製造費用は下がっていく傾向にあるので、「規模の経済」の効果から一般に企業規模が大きくなる。このため、管理監督を専門的に行う管理部門が独立し、労働者から管理労働者が分離し、経営者が登場する。それと同時に、企業は株式会社となり、その出資証券が市場で売買されるようになると、一定の持分に対して出資する株主も登場する。これが、経営と所有の分離である。

現代世界では資本主義経済が支配的であるので、経済学の対象も資本主義であるはずだが、新古典派経済学はその分析対象を「市場経済」と呼ぶことで、「資本主義」との相違を暗黙的に無視しているか、その存在を否認している。「資本主義」とは、貧困や搾取、不平等、不安定など様々な観点から批判する人々が「市場経済」に与えた俗称であり、学問的にはそのような概念は存在しないと考えている節すらある。いずれにせよ、新古典派は資本主義経済について少しも説明していないのである。

他方、『商品による商品の生産――経済理論批判序説』(一九六〇年)で、新古典派の価格決定原理(限界アプローチ)を的確に批判し、再生産アプローチに基づく古典派価格理論を現代的に復興した経済学者ピエロ・スラッファですら、「資本主義」という語を一度も使っていない。彼は量的な意味での「資本」という言葉は、生産物価格の決定の前に資本量が測定できるという誤った通念と結びついてしまうので、自分の著作では使わないと明言している。このことは、分配率（利潤率）から独立には消費財や資本財の価格は決まらないという、その後の「資本論争」に結びつく重要な問題であるので、彼のこうした決定も理解できなくはない。では、だからといって、彼が質的な意味で資本や資本主義という言葉を使ったかというと、そういうことも一切ないのである。それはおそらく、スラッファがあたかも構造主義のように経済システムを繰り返し再生産する「主体なき過程」として静態的に理解しており、わたしたちがここでそうしているように、動態的に経済を駆動するエージェント（主体かつ動因）として資本形式を考えていないからであろう。実際、スラッファの経済システムの中では、交換手段としての貨幣は重要な役割を与えられておらず、一般均衡理論のような需給均衡ではなく、利潤率の均等化を達成するある種の集中型市場が想定されている。本書では、第三章までに貨幣が紡ぎ出す分散型市場を市場の実在像としてきたため、資本の捉え方もスラッファとは全く異なるものになるのである。

資本主義とは、厳密に言えば、市場経済の一特殊形態である「資本主義市場経済」のことである。したがって、経済、市場経済、資本主義市場経済の三者の関係は、図４－３のようになる。

この図は、互酬経済、再分配経済、自給自足経済のような非市場経済が市場経済の外に存在することを示している。こうした非市場経済が、市場経済や資本主義市場経済との関係でずっと存続しうるかどうかはグローバリゼーションの行く末についての議論で考えるべき問題である。少なくとも、同じ市場経済と言っても、生産者が主に営利企業である資本主義市場経済だけでなく、生産者が主に個人、自営業者、協同組合企業、地方自治体、政府であるような非資本主義市場経済も可能性としては考えられる。もちろん、非資本主義市場経済が資本主義市場経済とともに存続できるかどうかは別の話である。また、現実の資本主義システムはいつでも営利企業だけでなく、非営利生産組織（NPO）、家族、政府などの主体を含むし、経済調整制度としても市場、国家、コミュニティを含む複合体である。

共同体間の商品交換

では、市場はいかに発生して拡大し、市場経済の特殊形態である資本主義市場経済はいかに成立し進化するのだろうか。まず、市場の拡大というと、その範囲が空間的に広がりグローバル化するというイメージになるが、市場は規模や範囲を拡大するだけではない。市場は、人間の生活・生命、情報、自然環境といった、経済社会を支えるより基礎的な部分へと浸潤していくのである。

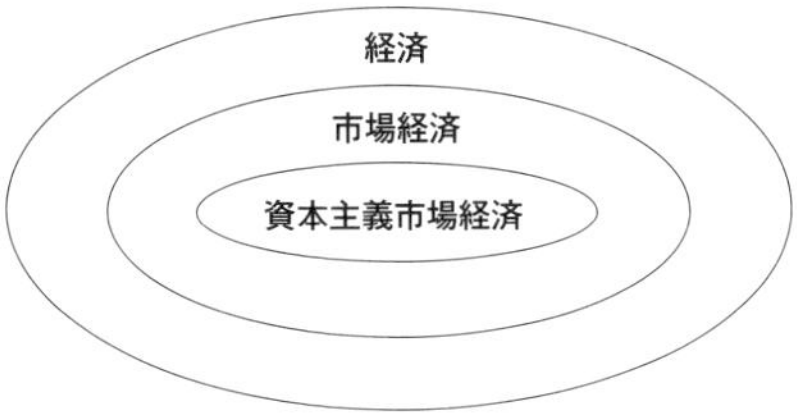

図4-3　経済、市場経済、資本主義市場経済の関係

貨幣で売買可能な商品の市場領域が共同体の外部もしくは複数の共同体間で発生し、それが拡大・深化していく。マルクスは、この歴史的傾向について、商品交換が共同体間で発生し、それが反射的に共同体の内部にも浸透して、従来の共同体的関係を解体していくと、様々な箇所で繰り返し述べている。

「諸商品の交換過程は、もともと自然発生的な共同体の胎内にあらわれるものではなくて、こういう共同体がつきるところで、その境界で、それがほかの共同体と接触する少数の地点であらわれるものである。この地点で交換取引が始まり、そしてそこから共同体の内部に反作用し、これを解体するような作用をおよぼす」（『経済学批判』、五五頁）

「交換を本源的な構成要素として共同体の中におくことは、一般にあやまりである。交換は、むしろ最初には、ひとつの同じ共同体のなかの成員にたいする関連というよりも、異なった共同体相互の関連のうちに登場する。さらに、貨幣は、極めて早くからしかも全面的にひとつの役割を演ずるものであるとはいえ、やはり古代においては、それが支配的要素として存在していたということは、ただ一面的に規定された国民、つまり商業国民について指摘できるだけである」（同上、三一六頁）

「本来の商業民族は、エピクロスの神々のように、またはポーランド社会の気孔のなかのユダヤ人のように、ただ古代世界の間の空所に存在するだけである」（『資本論』第一巻、第一分冊、一四七頁）

「商品交換は、共同体の果てるところで、すなわち共同体が他の共同体またはその成員と接触する点で始まる。しかし、物がひとたび対外的共同生活で商品になれば、それは反作用的に内部共同生活でも商品になる」（同上、一六一頁）

「生産物の商品への発展は、別々の共同体のあいだの交換によって生ずるのであって、同じ共同体のなかの諸成員のあいだの交換によって生ずるのではない」（『資本論』第三巻、第六分冊、二九四頁）

共同体間で発生する市場が実体的経済を変質・解体し、交換関係により再編成・組織化していく過程は、市場経済から資本主義経済が生成する歴史過程にほかならない。このような市場の拡大・深化のイメージを論理的に説明するため、商品関係から派生する市場の流通形式や資本形式が非市場社会の内部へ浸潤し、経済を自己組織的に統合する過程を「市場の内部化」と呼ぼう。

このことを、先に見た、市場、コミュニティ、国家という三つの経済調整の関係で考えれば、次のようになる。すなわち、市場は、国家（帝国）やコミュニティ（地域社会）の外部や周辺に発生するが、資本はその利潤追求活動を通じて市場を拡大・深化させ、徐々に国家の再分配、コミュニティの互酬、家族の自給自足といった原理をいったん解体して、それを商品売買（貨幣商品交換）の原理に置換していく。その結果として、経済社会は全般的に市場経済として再組織化され、資本主義市場経済が成立し、それが進化していくのである。

市場の内部化は、（一）外部商品化、（二）内部商品化、（三）一般商品化という三つの商品化の複製子（ルール）のパターンを変化させる過程で、非市場的制度を淘汰しつつ、市場を形成し拡大していくのである。後で見るように、（一）、（二）、（三）と進むにつれて、市場が実体経済を支配・統合する度合いは高くなっていく。そうした複製子のパターンの違いは、様々な経済社会において、労働力・土地を除く通常の「一般財」が商品として取り扱われる場合の所有、契約、取引などに関するルールの違いとして表現される。

様々な交換

歴史を振り返ってみれば、米、塩、奴隷、牧草地などは、ある時と所では商品だが、別の時と所では商品ではなかったのだから、それらが商品になるには一定のルール（慣習、価値観、法律）の存在が必要であることがわかる。そうした商品化のためのルールが市場経済の複製子（遺伝子）であり、こうしたルールを受け入れるコミュニティ、組織や個人が相互作用子であると言えよう。このように考えれば、資本主義市場経済とは、市場の内部化の三つの複製子を組み合わせた、より特殊な複製子を持つ市場経済であると考えることができる。

市場における交換以外にも、交換にはいくつかの種類がある。まず、ある財と別の財を反対方向に相互に移動させる「操作的交換」とは、いわゆる物々交換（直接交換）のことである。この場合、交換される二つの財が互いに相手の欲求を満足させるにしても、貨幣の一定量で表された「価格」を持つという意味における「等価性」は必ずしも成立しておらず、したがって比較考量はできない。このような財は、貨幣により売買される対象ではないので、商品ではない。

また、規制された固定価格での交換である「確定的交換」も考えられる。これは、一定金額の貨幣と同じ価格を持つ商品が交換されることであり、固定レートによる売買である。その価格は慣習、文化、法令などで規制されているので、自由に決定できず、また変動しない。だから、こうした交換には等価性はあるものの、競争は存在しない。たとえば、米の公定価格などがこの場合に相当する。競争がない確定的交換は自由市場を構成するものではないのである。

本来の意味での市場交換とは、自由市場における変動価格による交換のことである。これを「統合的交換」という。ここでも、個々の取引における等価性は保証されるものの、「確定的交換」のように価格は固定的でなく変動する。市場における「統合的交換」は、自由な契約に基づき一定の価格を持った商品とその価格に相当する貨幣の所有者が交互に持ち手を変えること、すなわち、売りまたは買いという形式をとる。売買の当事者が競りや相対の交渉で自由に価格を決められれば、需要や供給の状況に応じて価格が変動しうるし、顧客の愛顧を求める品質の向上も起こりうる。このように、価格・非価格両面での競争が生じる状況があるとき、経済主体の間に対立や対抗が生じ、互酬や再分配の安定的な関係が掘り崩される。だが、国家やコミュニティのルールにより決められた財を決められた価格で販売する場合は、そうした競争は生じない。このように、交換の中に競争という要素がなければ、財は完全には商品にならないのである。

先ほど説明したように、商人資本は「貨幣で商品を安く買って、それを高く売る（M－C－M'）」ことで利益を得ることを目的とするが、そうしたさや取り（裁定取引）が多数の商人により頻繁に行われれば行われるほど、様々な財が世界中で商品になるであろう。その結果、商品の種類や量が増え、市場の範囲や規模が拡大し、労働の分業（産業の分化、職業の専門化）とそれに伴う知識の分業が発達していくのである。このように商人は多様な商品とともに外来の文化や文明をもたらす。

しかし、そうした取引が競争を伴って繰り返されるからといって、商人資本がさや取りを行うことができないような「一物一価」がただちに成立すると考えることはできない。なぜなら商品と貨幣が非対称的であり、合理性に限界がある以上、一つの商品に多くの価格が付く「一物多価」が成立するからである。

貨幣を媒介とする売買、すなわち間接交換関係（C－M－C'）において、ある商品の貨幣による買値と貨幣への売値が一致しなければ、「反射性」が成り立たないという。たとえば、同じ種類のリンゴ一個の買値七〇円、売値九〇円というように一致しなければ、商人は二〇円のさやを抜くことができる。貨幣による売買関係では、このような反射性だけでなく、「対称性」も「推移性」も満たさないので、貨幣交換における等価性は数学的な意味での同値関係ではないのである。ここで、対称性とは、リンゴ一個が七〇円で売れ、その七〇円でミカンが二個買えるならば、この逆に、ミカン二個が七〇円で売れ、その七〇円でリンゴ一個が買えるということである。また、推移性とは、リンゴ一個が七〇円で売れ、その七〇円でミカンが二個買え、かつ、ミカン二個が七〇円で売れ、その七〇円でイチゴ五個が買えるならば、リンゴ一個が七〇円で売れ、その七〇円でイチゴが五個買えるということである。こうしたことが成り立つためには、常にリンゴ一個＝ミカン二個＝イチゴ五個＝七〇円のような一物一価が成り立っていなければならない。しかし、貨幣による売買関係では一般にこうしたことは成り立たない。商人間の競争が激しくなれば、このさやは小さくなって一物一価に近付くけれども、ゼロになることはない。さやがゼロになり、一物一価になれば、商人は存在できなくなる。そうでなければ、商人資本は一時的ではなく、長期的に存在し続けることができる。そして、分散型市場とは商人資本が生息し続けるような市場なのである。

外部商品化

市場の内部化とは、第一章で見たグローバリゼーションによる市場の内包的深化を市場の歴史的な傾向として取り出してモデル化したものである。それは、共同体間に形成される貨幣交換関係、または市場が実体的経済の再生産の体系を統合する程度に応じて、次の四つの局相に分けられる。すなわち、先に述べた（一）外部商品化、（二）内部商品化、（三）一般商品化、そして、その到達点としての（四）資本主義経済である。この諸相について、そのメカニズムを見てみよう。

穀物や家畜、道具や装飾物のような様々な生産物は元来、市場での交換を目的として生産されるものではなかったし、土地や人間、芸術品など再生産不可能なモノも本来市場で交換されていたわけではなかった。土地や人間（労働の担い手としての）は、生物学的・生態学的に再生産されていたし、それら以外の一般財も市場における交換ないし売買を媒介としないで、ローカルな互酬や再分配をつうじて、自己消費または共同消費のために再生産されていた。

だが、共同体の外部ないし共同体間にはこうしたローカルな互酬や再分配をグローバルに接続して、等価交換に近い状態を成立させる市場が存在している。互酬や再分配は等価性を前提としないが、「安く買って高く売る」という商人資本の裁定行動を通じて市場交換関係は等価関係に近付いていく。こうした市場は、商人資本を主体とする世界広域的なネットワークである。このような共同体外部の市場で、一般財が消費対象として商品になるのが、「外部商品化」（図4－4）である。だが、この段階では、まだ共同体内部の再生産は、その外部の市場からあまり影響を受けておらず、グローバルマネーを媒介しないで営まれている。

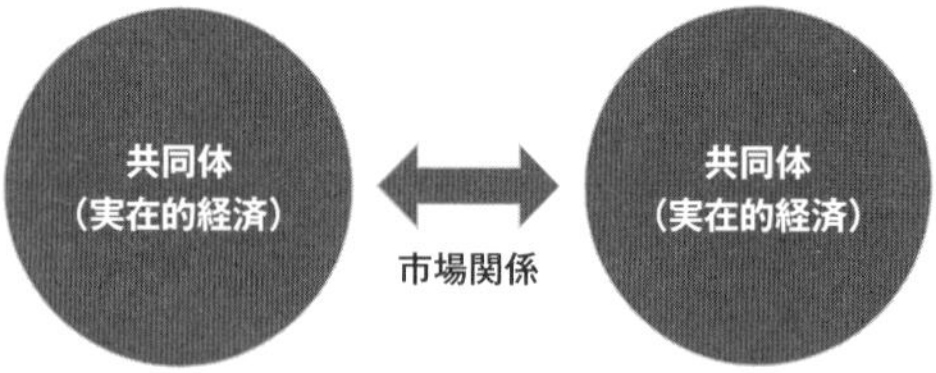

図4-4　外部商品化

端的に言えば、外部商品化とは、非市場社会の外部において市場関係が偶然的・散発的に発生して拡大する過程であり、はじめは自己消費ないし共同消費を目的として生産された一般財（G）の一部が非市場社会の外部の市場へと持ち出され、貨幣（M）の売買対象である商品（C）として実際に売却されることである。これを記号で書けば、G➝C－M－C'となる。ここで「➝」は一般財Gの商品Cへの転換を表す。たとえば、自分たちが消費するために生産していた米や香辛料にたまたま余剰分が生じたとき、外国の商人がそれを買い付けにやって来た、といった状況を考えてみるとよい。その時、米や香辛料を売ることができるにしても、それは偶然的な出来事であり、はじめから売ることを想定して米や香辛料を生産したわけではなかった。また、人間は共同体の中で自らを再生産しながら生活を営んでいたが、その外へ突然連れ出され、商人に売られることにより、労働の担い手である奴隷という商品になったのである。カール・ポランニーは、労働、土地、貨幣を「擬制商品」と呼んだが、それは、これらがいずれも市場社会で生産され売買されるモノではないにもかかわらず、一般のモノと同じように売買可能な商品であるとみなすという擬制（フィクション）に基づくことを示す表現である。

内部商品化

マルクスが先の引用で述べているように、「物がひとたび対外的共同生活で商品になれば、それは反作用的に内部共同生活でも商品になる」あるいは「この地点で交換取引が始まり、そしてそこから共同体の内部に反作用し、これを解体するような作用をおよぼす」。この結果、伝統や慣習といった社会的制度に基盤をもつ互酬的交換や再分配はその存在範囲を著しく縮小し、それらにより基本的に再生産されていた一般財の経済体系は変質する。「外部商品化」の段階ではいまだ商品ではなかった財やサービスもことごとく貨幣と交換される対象になり、その譲渡に対して一定の貨幣的対価を要求できるものと考えられるようになる。

こうして一般財は、自己消費ないし共同体での共同消費のためではなく、はじめから貨幣との交換を目的として、つまり貨幣所得を目的として生産されることになる。そして、生産者もこの貨幣所得を臨時報酬としてではなく自らの生存や生活のために必要とするようになる。これが、「内部商品化」（図4－5）である。

ここでも、商人資本の売買により、共同体内部の商品交換関係にも等価性が生じてくる。貨幣による共同体の浸食とは、この等価原理が次第に共同体内の互酬原理（等価も不等価もない非等価原理）を破壊することにほかならない。等価性とは、いわば比較可能性であり、それにより貨幣を持つ主体が整合的な選択をすることが可能になるような基準である。

つまり、内部商品化とは、コミュニティや国家の外部に発生した市場がその内部へと反射・浸透する結果として、それらの外でも中でもモノの商品化が成立することで、コミュニティや国家が崩れ、市場と非市場の境界が消えていく過程である。ここでは、独立小生産者や職人、さらに農民までもが生活物資を買うために貨幣が必要になる。そのため、仮に、彼らの生産は自己消費ではなく、貨幣所得を目的とするものになる。

しかし、この段階でも、まだ利潤獲得を目的として生産物が生産されるわけではないのであり、したがって利潤をその対価の一部として要求するということはない。仮に、彼らが生産費（費用）に一定のマージンを上乗せして販売するにしても、それは利潤追求を目的とするものではなく、在庫と同じく、売れ行きの変動に対する一定の緩衝（バッファ）を確保するためのものである。こうして、売買が繰り返されると商品価格は変動しながらも相場を形成する。予算や費用の制約があるため緩やかな等価原理が働き、コミュニティの互酬や自給自足、国家の再分配の原理が競争的な市場原理に取って代わられる。

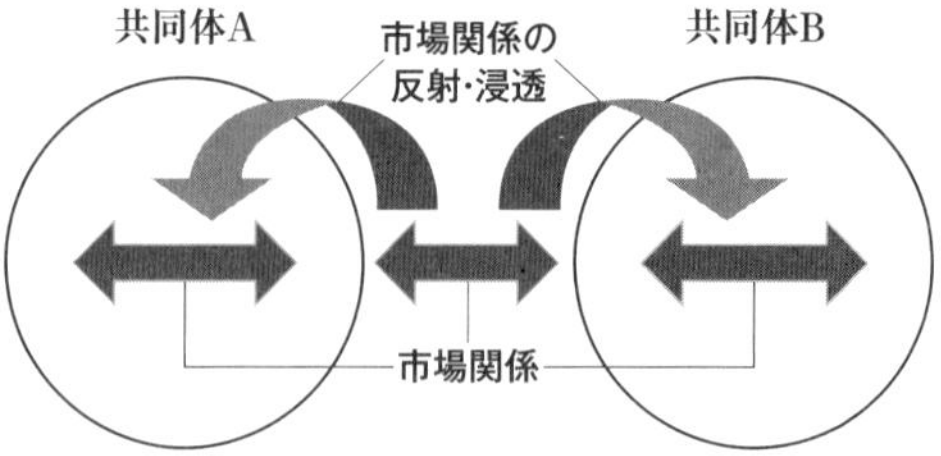

図4–5　内部商品化

一般商品化

さらに、一般財は、その販売額から費用を差し引いた利潤をできるだけ多く得ることを目的として当初から生産されるようになる。これが、「一般商品化」（図4－6）である。

これは、利潤を生む一般財の生産・販売行為そのものが利潤追求を第一の目的とする投資活動の対象になっている事態を意味するといってもよい。ただし、「利潤追求を第一の目的とする」といっても、実際に合理的な予測、計算や行動により、利潤を最大化するということではないことに注意を要する。できるだけ多くの利潤がほしいと考えることと、現実的には利潤の最大化が行えることとは全く別の事柄であるからだ。一般商品化は、もっぱら利潤獲得を目的にして商品を生産する主体が登場する事態を指し、効率追求と費用削減のため、生産は組織化、集中化されるが、家族経営による家内制手工業や問屋制家内工業のレベルにとどまる。

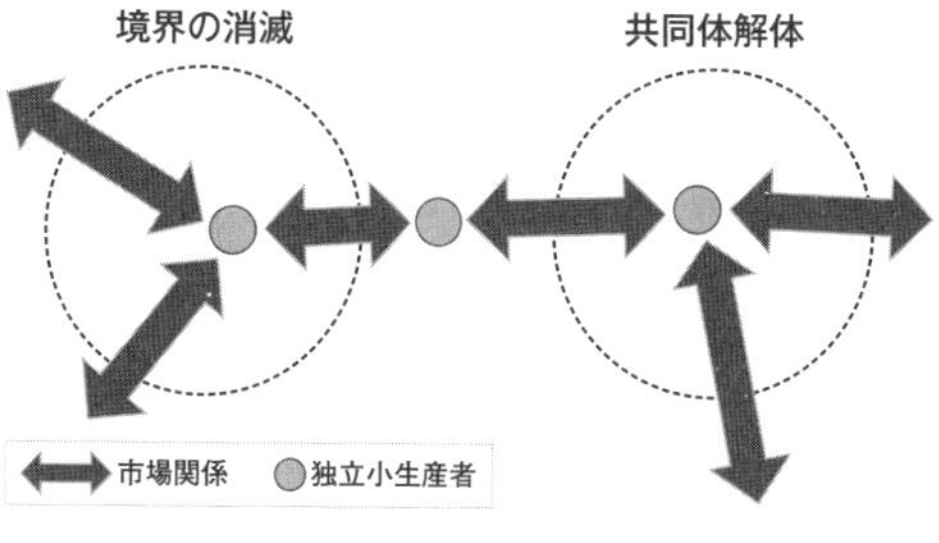

図4–6　一般商品化

士農工商やカーストなど非市場社会的分業はすべて市場内分業に置き換えられ、職業の専門化とそれに伴う労働と知識の特化が生産技術や商品の革新を通じてダイナミックに行われる。だが、労働者を雇用する大規模な工場生産や機械生産はまだ行われていない。労働力や土地は慣習や伝統的規範といった共同体的規制を強く受けており、自由に移動したり生産したりできるものではないため、一般財やサービスに比べて商品化が困難であるからである。それゆえ、それらは未だ商品化されていないため、商品の生産は専ら自家労働に依存せざるを得ない。生産物の価格は、その生産に必要な原材料、道具・機械などの生産手段の費用と自家調達労働の費用評価の合計に一定の利潤マージンを上乗せして計算される。

このように市場の内部化には、外部商品化、内部商品化、一般商

	市場の 内部化のパターン	生産の目的	市場による 経済の統合度
I	外部商品化	消費目的生産	低
II	内部商品化	所得目的生産	中
III	一般商品化	利潤目的生産	高

図4-7　市場の内部化の3パターン

品化の三つのパターンがあり、労働力や土地を除く一般財の生産の目的は、それぞれ、消費（自己ないし共同で）、所得、利潤となっている（図4－7）。この順番で市場が実体経済を包み込み、その内部に浸透していく度合が高くなっていく。このように、外部商品化、内部商品化、一般商品化における市場による経済の統合度は上昇していくからといって、歴史上常にこの順番で生じるとは限らない。順番が変わったり、飛び越えたりすることもあるだろう。だが、一般には、このような順序が見られるはずである。このことは後で説明する労働力商品化の三つのパターン別の資本主義経済の進化についても同じように言えるであろう。

資本主義市場経済の成立

いまわたしたちがいる「資本主義市場経済」とは、一般財の一般商品化に加えて、労働力の外部商品化を基盤として「商品による商品の生産」を実現している経済である。

それはすなわち、労働力市場の存在を前提として、労働力以外の一般財が利潤を目的として生産・販売される市場が存在する経済である。それゆえ、資本主義経済は、市場の内部化の三つのタイプ、すなわち外部商品化、内部商品化、一般商品化の存在を論理的な前提としている。だが、これは資本主義成立の必要条件ではあるが、十分条件ではない。

資本主義経済の成立のための十分条件とは、伝統、慣習、法といった非経済的制度によって強力に規制されている労働力や土地が外部の労働市場で契約に基づいて「自由」に売買されることである。資本主義市場経済が生成するための歴史的条件は、村落共同体の絆や保護も、生活のための生産手段も全く持たない「二重の意味で自由な」賃労働者が大量に存在することである。これによりはじめて資本主義経済の内部に、産業資本（営利企業）と近代的家族という経済主体が成立しうる。

産業資本とは、単純労働を行うための労働力を低賃金で大量に雇用することで、機械化された工場において安価な商品を大量に生産できるようになった存在である。それは、市場で購買した労働力と生産手段を投入して生産物を産出し、市場における生産物の販売額と前貸資本の差額を利潤として獲得することを目的とする企業組織体である。それは購買・販売時には市場原理に支配されながら、生産過程を効率的に制御し合理化するために計画の立案・決定・遂行を行う内部組織を備えている。

ここでは、労働力を含むすべての投入生産要素が商品化されているため、生産に必要な費用や利潤の計算も簿記や会計の規則に基づいて明確に行えるため、利潤を目的とする「商品による商品の生産」が実現する。労働力と生産手段（原材料、工場、機械、土地）を使って何らかの商品を生産・販売し、できるだけ大きな利益を挙げるという目的を持つ産業資本が、資本主義市場経済における主体である。また、近代的家族とは、労働者の賃金で消費財を購入し、それを消費することで現在および将来の労働力を再生産する家族共同体である。

歴史的には、一六世紀ごろより封建社会の解体とともに「生産者と生産手段との歴史的分離過程」が進んだのが、資本主義成立の十分条件である。労働力と土地の商品化とは、共同体の絆と保護を失い、生産手段を所有しない労働者がエンクロージャーや救貧法などの法制度改廃といった非経済的要因によって形成された事態にほかならない。このような労働力の商品化は、部族や村落という共同体内の共同体的関係が解体され、その内部が市場関係に置き換わるという意味では、「内部商品化」として進んでいく。その結果として新たに成立する近代的家族という小さな共同体にとっては、その外部で労働力が商品になるという意味で「外部商品化」として現れる。したがって、資本主義市場経済とは、「一般財の一般商品化＋労働力の外部商品化」という市場の内部化の二つのパターンが結合することで派生した特殊な市場経済なのである。

以上が、市場の内部化による資本主義経済の発生プロセスの説明である。

労働力の商品化

資本主義の成立によって、市場の内部化はいまや労働力をも巻き込み、一般財だけでなく労働力もあたかも資本主義的に生産されるようになっていく。資本主義経済における労働力は、元来一般財のように利潤追求を目的として生産される商品（資本主義的商品）ではなく、家族というコミュニティ内で自家生産される商品（単純商品）であった。だが、現代の資本主義市場経済では、労働力商品化のパターンに変化が生じつつある。そこでは、労働力は利潤を産まない「単純商品」から、利潤を目的として生産されるとみなされる「（擬似）資本主義的商品」へと変容しつつあるのである。

このように、資本主義市場経済は、労働力商品の存在を条件として成立したが、さらに労働力商品化の高度化を伴いながら進化する。これを言い換えれば、家族における地縁・血縁的関係の多くが市場のゲゼルシャフト的な関係に置き換えられ、資本主義経済における「最後の共同体」とでもいうべき家族は、労働力商品を資本主義的に生産する（一般的利潤率を要求する）「擬似的な労働力生産部門」へと変容しつつあるということである。

以下、労働力の商品化に関するルールの変化による資本主義市場経済制度の進化を見ていこう。労働力商品化によりあらたに成立した近代的家族を基準にするならば、それが市場の内部化により解体される過程として資本主義経済の三つのタイプを想定することができよう。つまり、資本主義経済それ自体にも、労働力に関する外部商品化、内部商品化、一般商品化という市場の内部化の三タイプが自己相似的に再現されるのである。以上を、図式的に再整理すれば、次のようになる。

（一）一般財の外部商品化

（二）一般財の内部商品化

（三）一般財の一般商品化

（四）一般財の一般商品化　＋　労働力の外部商品化　＝　資本主義経済の成立

（a）労働力外部商品化型資本主義経済

（b）労働力内部商品化型資本主義経済

（c）労働力一般商品化型資本主義経済

ここでは、労働力の商品化のパターンに焦点を絞って資本主義市場経済の進化をとらえようとしているので、もう一つの重要な要因である土地の商品化を捨象している。だが、土地の商品化についても、労働力の商品化についてと同様の三つのパターンを考えることができる。土地自体は生産できないと言われているが、開墾、開拓、埋め立てによって新たな土地を産み出すことはできるし、ビルやマンションの高層化も居住空間を高密度化して拡大する効果を持っている。現代では、不動産が地代や家賃という収益を生み出すということは一般化しており、不動産価格を収益還元法により、収益を資本化して求めることも普及している。これは、土地がすでに一般商品化していることを意味している。

「家事サービス」と「家事労働」

資本主義の成立によって生まれた近代的家族が自己を再生産するためには、市場で購入できる商品のみならず、商品として売買されない財・サービスを家族成員間で互酬的に交換したり、再分配したりする必要がある。近代的家族の成員間の関係は市場的な等価交換よりは非市場的な互酬的交換や再分配により多くを依存しているはずである。

互酬的交換には、そもそも価格や費用といった等価性を前提とする観念や基準が存在しないので、仮に損得の感覚が発生するとしても、それは必ずしも合理的根拠を持つものではない。ところが、労働力商品の価値は市場で購入する消費手段の価値しか含まないという事態を、市場経済の等価性の論理から見るならば、商品化されていない財・サービスに関して実質的に評価換算されていない

「隠された費用」が存在することが認知されてくる。

多くの場合、市場で購入してくる消費手段は原材料ないし半製品であり、それらは、裁縫、洗濯、調理、配膳、清掃、修繕といった何らかの人間活動が付け加えられてはじめて最終的に消費可能な完成品になる。こうした家族内における人間活動は広く「家事労働（domestic labor）」と呼ばれている。一般的にいって、ある活動を「労働」であると呼べるのは、目的合理的な活動主体が自己の行う精神的・肉体的活動を苦役、非効用、犠牲と認識し、所定の目的をあげるためにそれをできるだけ最小化したいと考えるときか、もしくは、達成した成果を自己以外の者が享受する場合に、享受者から自己の行った苦役や犠牲に対する対価を要求しうるときである。一方、もし人間が行う活動自体が享楽であり喜ばしき生活そのものであるならば、そうした活動自身が目的となるから、それらを労働とは言えないことになる。

たとえば、わたしたちが食事を「労働」と呼ばないのは、それが栄養摂取による労働力の再生産のための手段というより、それ自体を楽しみや喜びと考えているからにほかならない。結局、先ほどの家事に関する諸活動を家事労働と呼べるのは、活動主体がそれらを享楽や効用とは考えられず、対価・報酬を得るための手段・犠牲と認識するときである。逆に、たとえば、そうした活動自体が家族構成員間のコミュニケーションを高め、相互的な扶助、献身、奉仕を促進するための精神的目的を担っているときには、この定義による労働に該当しないから、それらを「家事サービス（domestic services）」と総称する。

すると、労働力外部商品化型資本主義経済の特徴とは、「家事サービス」が「家事労働」として、すなわち、家事サービスが一定の費用を要し貨幣的対価を求めうる活動として、社会的に十分認識されていない点にあることになる。イヴァン・イリイチが家事労働を「シャドウ・ワーク」と呼ぶのは、家事労働が「支払われない」無償労働であり、家族の外部で行われる有償労働の影として家族を支えているからである。したがって、このタイプの労働力商品化を後のタイプから振り返ると、その価格計算がすべての費用を明示的に含んでおらず、労働力商品がつねに過小評価されているように見えるであろう。

労働力の価格はいかに決まるか

主として女性により担われてきた「家事サービス」が「家事労働」として意識され、それが労働力を再生産するために必要な犠牲や費用として認識されるためには、労働力の外部商品化により成立する「労働」やその貨幣的対価としての「賃金」に関する概念が近代的家族の内へ反射・浸透し、それらが家族内部でも通用するものと理解されることが必要である。このことは、家族という共同体の内部で労働力が商品化する（内部商品化する）ということに等しい。この労働力の内部商品化ではじめて家事労働が擬制的商品として成立し、それが賃金決定に明示的費用として算入される。

古典派からマルクス、新リカード学派に至るまで、経済学は、労働力の外部商品化を当然視してきたが、実際、労働力の再生産とは二つの意味を持っている。まず第一に、賃金稼得者とその配偶者が賃金財消費および家事労働の投入により自分らの肉体・精神・文化を維持することで、現在の労働力を再生産すること、第二に、家族が子供を出産、扶養、教育し、将来の労働力を再生産するということである。もちろん、家族が子供を育てる母体であるという現在の家族に関する通念がなくなれば、第二の意味は消えてしまうことになる。

同じく、労働力外部商品化といっても、この労働力の再生産を現在の再生産と考えるか、将来の再生産と考えるかで、その中身は異なる。リカードとマルクスはいずれも両方を考慮しているものの、リカードは特に後者を強調して動学的調整機構を説明し、マルクスは前者に重点を置き長期的均衡水準を問題にしている。

リカードは、資本主義経済における実質賃金は、生物学的人口調整機構により、長期的には生存賃金水準に調整されるものとみなしている。実質賃金がこの生存賃金水準を上回ると、出産率の増大や死亡率の低下などにより労働人口が増加し、労働力供給が増加する結果、実質賃金が低下する。逆の場合は逆である。このように長期的な人口論的メカニズムが機能し、実質賃金はいわば自然な水準に落ちつく（労働の市場価格は自然価格に一致する傾向がある）。リカードは、明らかに子供の出産や養育という観点から将来の労働力再生産に焦点を当てている。

他方、マルクスは、労働力の価格（価値）を、労働力が自らを再生産する（家族を扶養する）ために生産的に消費する生活手段（社会的・文化的に決定される賃金バンドル）の価格（価値）とみなした。消費過程をいわば現在の労働力の再生産過程であると考えたわけである。ここでいう生活手段とは市場で購入する商品にほかならず、家事労働に対する実質的な費用を含んでいない。このように、彼らは、自然的・生物的か、社会的・文化的かという強調点の違いがあるとはいえ、ともに実質賃金が外生的に決定されると想定している点で一致している。

このような労働力の価値の決定方法を数学的に表現するならば、フォン・ノイマン・モデルにおけるように、労働力の価格（貨幣賃金）をその一単位の労働力が消費する財の集合（賃金バンドル）の価格に等置することに帰着するだろう。この考え方は、後のスラッファ以後の新リカード学派やマルクス学派のいわば前提了解となっている。

労働力の外部商品化段階において、一般商品と労働力商品の価格決定メカニズムの違いは次の点にある。

一般商品は、すべての投入生産手段および労働投入量に価格あるいは貨幣賃金をかけて合計する費用価格を計算したうえで、さらにそれに一般利潤率（均等利潤率）をかけた平均利潤を上乗せして価格形成を行っている。一般利潤率が費用価格への上乗せマージンとして適用されるのは、資本移動など何らかの利潤率を均等化するメカニズムが存在していると考えられているからである。たとえば、資本の各生産部門への参入退出が自由である限り、高利潤率部門から低利潤率部門へと絶えず資本移動が起こるので、各部門における利潤率は長期的には均等化されると、通常説明されている。

これとは対照的に、労働力商品は、資本が利潤を求めて生産する商品ではなく、家族という共同体が隠された費用を意識しないで再生産する、いわゆる「単純商品」である。活動主体が家事サービスを家事労働として認識しなければ、その実質費用は労働力の生産費用として計上されない。貨幣賃金は、単位労働力の再生産に必要な消費手段の賃金バンドルが外生的に与えられているという前提の下、各消費手段の物量に価格をかけた価額の合計として計算される。これを、いくぶん不明確な表現でいうならば、労働者は、労働力商品販売者としては、一般商品販売者よりも弱い立場にあるということになるだろう。

現代資本主義においては労働力が内部商品化を越えて一般商品化し、擬似的な資本主義的商品になる傾向があるということを述べた。労働力生産部門である家族がその商品である労働力を販売するにあたって、消費財などの賃金バンドルのみならず、家事労働に対しても貨幣賃金率を適用して費用を計算し、その費用合計に一般利潤率でマークアップして、貨幣賃金を決めるわけである。このような賃金決定における構造変化は、市場経済に存在する最後の共同体である家族が市場原理による浸食を受けて分解し、擬似的な労働力生産部門へと再編されつつあるといった現代的状況から理論的に抽出したものである。

労働力の内部商品化・一般商品化

では、なぜ労働力の内部商品化や一般商品化が進行するのか、その要因やメカニズムはどのようなものだろうか。

まず、労働力に関する市場の内部化は、経済的要因よりも伝統・慣習・通念・法などを含む広い意味での社会制度的・非経済的要因から大きく影響を受けているということを指摘しなければならない。

非経済的要因とは、女性の労働力率の上昇、男女雇用機会均等法のような性差別を撤廃する法制度上の整備、女性の自立やフェミニズムなどの社会運動を背景とする一般的な社会慣習・観念の変化、近代的家族における家父長制の崩壊と、それに伴う家族構成員の意識の変化などである。

伝統・慣習・通念・法といった社会的、文化的制度とわたしたちの日常的・現実的な意識のあり方は相互作用の関係にあり、双方が互いに影響を与えながら進化していく。このことは、市場的領域と非市場的領域の相互関係を動的に変容させるのであるが、一般的には経済社会に対する市場原理の浸食が促進され、従来、貨幣換算されることのなかった様々な活動が貨幣換算される傾向を見せている。家族などの非市場的領域が市場原理により解体されて、生活がすべて貨幣換算による商品売買によって置き換えられてくると、「機会費用」（opportunity cost）の考え方が一般通念になってくる。

そうなれば、家族の中で主として女性（主婦）によって担われてきた家事・育児のような「無償活動（シャドウ・ワーク）」は貨幣所得を稼がないから、価値のない仕事であるとして社会的に低く評価されるだけでなく、それは外で働けば得られるはずの貨幣所得を失うこと、つまり、機会費用であるとみなされるようになる。第一章で述べたように、従来専業的に家事サービスに従事していた女性が外部市場で賃金を稼得するようになれば、家事サービスを家事労働として認識し、それを一定の費用を要する最小化すべき活動とみなすようになるだけでなく、さらには育児・家事などの外注サービスに必要な費用と稼得される賃金収入を比較考量し、前者が後者より大きくならない限り、そうした商品化された外注サービスにより家事労働を代替することを合理的に選択するようになるであろう。つまり、家事労働を行わなかったならば稼得できたはずの賃金収入が、家事労働の機会費用とみなされるということである。こうして、家事・育児が愛情表現や意思疎通の手段であり、自らの喜びや楽しみであるといった、コミュニティにおける人間活動の価値は消え失せてしまうため、そのような機会費用を発生させる家事・育児労働はできるだけ減らすべきだとますます考えられるようになる。

機会費用とは、実際の費用の発生を伴わないが、時間を費やすことが就労時間の減少、すなわち貨幣賃金の減少をもたらすので、その部分が費用と見なされるようになるという、主体の意識内部における変容が価値観や行動を変えてしまうという事実に光を当てるものである。母親の育児放棄や虐待という社会現象も、育児が負担であるのに、経済的利益を生み出さないどころか、さらに大きな経済機会の喪失であるということに精神的な苦痛を感じた結果として生じてしまうのかもしれない。

さらに、共働きやダブルインカムで家族における賃金稼得者が複数化することにより、家事労働の構成員間の配分が重要な問題として認識され、その外注化が考慮される。また、他の構成員の収入があるので、自己の給与に不満があるときにはジョブサーチを繰り返しながら比較的フレキシブルな転職が可能になる。こうして、家族構成員全員が貨幣所得の最大化を目的として時間配分に関する合理的選択を行う結果、家族という共同体において従来は暗黙的に負担され費用から除外されていた家事労働が明示的に費用として認識されるようになるのである。

こうして「家事・育児労働の機会費用」＝「それらを代替する家事・育児に関する商品やサービスの価格」＝「家の外で働く労働賃金」という同等性がルールとして普及すると、家事・育児労働が家族の内部で擬似的に商品化することになる。これが、労働力の内部商品化である。

労働力の完全な一般商品化は起こるか

そもそも、家事・育児・介護とは現在・過去・未来の労働力（夫婦・親・子）を再生産する労働であるのだから、以前はコミュニティであった家族もこのレベルでは、生産財や消費財を生産する部門と同じく、労働力を生産する部門であるとみなしうる。すると、家電製品の購入は労働力生産部門への新技術の導入として捉えられ、有償サービスの購入は外注として捉えられるであろう。機会費用の考え方の家族というコミュニティへの浸透によって、労働力を再生産する家事・育児の位置付けが「無償活動（シャドウ・ワーク）」から「有償労働」へと転換する。

他方、家事労働が新商品や新サービスにより代替される結果、それらが賃金財のバスケットの中に次第に入ってくることになる。冷蔵庫、洗濯機、掃除機、食器洗浄機、自動湯沸かし器といった家庭電化製品から水道、電気、ガス、電話、食事ケータリング、育児サービス、清掃サービス、宅配便といった各種サービス、自転車、自動車、電車など交通手段にいたるまで、およそ考えられるかなりの消費財が、家事サービスの家事労働化に伴って、家事労働を代替する新商品として市場に登場してきたことがわかる。この結果、家事労働は減少し賃金バンドルは拡大するので、家族の生活水準は全般的に上昇していく。

また、子供に対する教育支出も労働力の再生産費用というより、将来においてできるだけ高い賃金を稼得させるための投資支出として認識されるようになれば、労働力の人的資本化が進む。人的資本投資は、将来の期待収益の流列を利子率により割り引いて現在価値に換算し、それと現在の投資額との差である正味現在価値を最大化する。こうして家族は、利潤（利子）を稼得するために労働力という商品（人的資本）を生産し、それを労働力市場で販売する労働力生産部門（企業）に酷似することになる。

こうして各種の学歴・資格、専門技術・知識・技能が将来所得を増大するための人的資本であるという概念がより一般化し、人々が教育、職業訓練、熟練形成、健康増進等を人的資本投資と考えるようになった結果として、「労働力の一般商品化」が成立しうるだろう。労働力も他の生産財や消費財と同じく、その販売価格が利潤マージンを含むことになり、人的資本投資は労働力生産部門における利潤増大のための投資活動であると位置付けられる。その結果として、労働力は、利潤追求を目的として生産・販売される擬似的な資本主義的商品になる。「擬似的」という修飾語は、労働力を再生産する家族が営利企業のようにそれを行っているとみなされていることを表している。

ただし、日本では教育支出のほとんどを親が負担しているのが現状である限り、投資は親が行い、その収益は子が受け取るという形になる点で、労働力の人的資本化という解釈は、いささか整合的ではない。むしろ欧米のように、教育ローンを組んで大学へ進学し、将来の給与でローン返済していく場合には、この人的資本投資の考え方はよりフィットする。日本も今後ますますこの欧米型に近づくとすれば、整合的な解釈になる。

さらに、賃金形態の変化によっても、労働力の内部商品化、一般商品化が促進される。現代の給与に算入される扶養手当はいわば家事労働に対する報酬としての性質を暗黙的に備えているといってよいし、また、勤勉手当、賞与、ボーナスはその企業への貢献に対する報酬としての性格を持っているため利潤率に連動して変動する。それらが労使間の団体交渉を通じて決定されるにせよ、賃幣賃金の上昇率は交渉における労働組合の戦闘性よりも、マクロ的な経済環境や企業収益の動向、特に経常利益から計算される当該企業の利潤率から最も影響をうける。

こうした非経済的・制度的要因の変化により労働力の内部商品化や一般商品化が仮に進むとしても、はたして完全な一般商品化が起こりうるであろうか。

もし労働力の一般商品化が現実に進行しているならば、労働力がますます利潤を目的として資本主義的に生産される商品になっていくはずである。これは、理論的に言えば、一般商品の生産部門において利潤率均等化をもたらす部門間の自由な資本移動と同様なメカニズムが労働力生産部門に存在するかどうかにより決まる。

こうした傾向がどの程度の現実性をもつのかという問題は、いまはおいておこう。ただ、少なくとも経済理論が労働力を資本と無差別に取り扱う傾向が進行していることは一つの事実といわなければならない。ベッカーの「人的資本理論」を突き詰めていくと、個人のいかなる消費も将来収益に対する何らかのプラス効果を持ちうるから、個人的消費と人的資本投資を一般に区別することができないという困難に遭遇しよう。だが、問題は投資と消費の区別も付けられない理論が経済学に登場してきてそれほどの抵抗を受けないまま広範に受容されつつあるという現実であり、それにより人々の意識や通念が大きな影響を受け、変容していく可能性である。こうした経済学の変化こそ労働力商品化の進展の事実を端的に物語っているのではないだろうか。

労働力の内部化の限界

資本主義が進化するにつれ、近代家族における賃金稼得者が増えればその賃金所得の合計は上昇し、労働力販売者としての労働者や家事労働者の地位が向上すると実質賃金率も上昇する。これとともに、資本と労働の分配関係において資本側の地位が低下し、平均利潤率が低下するだろう。その結果、資本蓄積と経済成長の潜在力が弱まる傾向が強くなるであろう。

しかしながら、労働力が資本と同じ地位に達する労働力一般商品化型資本主義経済では、技術革新プロセスを促進していくことで、資本の利潤率の増大と労働者の相対的地位向上が同時に達成しうるので、資本蓄積と経済成長の潜在力を再び高めていくことができる。

	資本主義市場経済のタイプ	生産の目的
A	労働力外部商品化 資本主義市場経済	一般財の利潤目的生産 ＋労働力の消費目的生産
B	労働力内部商品化 資本主義市場経済	一般財の利潤目的生産 ＋労働力の所得目的生産
C	労働力一般商品化 資本主義市場経済	一般財の利潤目的生産 ＋労働力の利潤目的生産

図4–8　資本主義市場経済のタイプ

資本主義市場経済は、いわば労働力をも一般商品と同等に扱うように進化していく結果、労働者や家事労働者の搾取を自然に消滅させ、次第に、技術革新により達成される利潤率の上昇（おそらく、マルクスのいわゆる特別剰余価値の発生・消滅を媒介とする相対的剰余価値生産のメカニズムによる）から潜在的成長可能性を引き出すようになっていく。

このように、資本主義経済は自らの根本的な存立条件である労働力商品化のルールそのものを変容させてしまうことで、その長期的停滞の傾向を逆転させ、自己賦活する強靭な生命力を発揮する。労働者やその家族といった人々の価値観や意識の変化を引き起こしながらも、全く内生的にシステムの性質を変えていくという意味で、これは自己組織的な秩序である。この点で、資本主義とは一つの完成された経済システムを指すというよりも、資本という複製子（ルール）がその乗り物である人間を操りながら、自己の複製子（ルール）を意図的に変化させるような高度な適応能力を意味するものとなる。

こうして労働力商品化がその究極的形態である一般商品化に到達すると、資本主義経済は、再生産不可能な自然環境や天然資源を除けば、あらゆる商品生産を利潤原理により調整しうる自律的な経済体系へと進化することになる。資本主義は、国家が経済政策により経済過程へ介入する度合が減少するから純粋化していくのではない。むしろ資本主義の根本条件である労働力商品が利潤を目的として生産されるようになるにつれ、最後の共同体として残された家族がバラバラに解体されていくという意味で資本主義が純粋化し、さらに高度化していくのである。むろん、資本主義経済が外部環境に制約されない完全に自立的な経済システムとして完成するためには労働力だけでなく、情報やサービス、天然資源、エネルギー、土地などの自然そのものを資本主義的に生産しうるようになることが必要である。そのようなことが果たして可能であろうか。

現実には、資本主義による労働力再生産の内部化には限界があり、家族が全面的に資本の論理に組み込まれることはないようにも見える。今後も、人工受精や代理母のみならず、クローン人間が一般化するようになるまでは、子供の出産・養育という人間の再生産の機能は家族が担っていくことになる。したがって、発達した資本主義の下でも、家族は、大きな変容を伴いながらではあるが、契約的結合や人的資本の生産単位に還元できない、社会の本源的コミュニティとしての機能を果たしていくのではないか。

また、資本主義経済が技術進歩と経済発展という道を進み続けるなら、資源枯渇、自然破壊、環境汚染、気候変動といった問題にぶつかることは明らかである。そもそも資本主義経済が開放定常的な地球生態系の中にしか存在し得ない以上、外的自然条件から完全に独立した閉鎖系になることは原理的に不可能であろう。

知識経済における市場の内部化

わたしたちは、市場領域が非市場領域の内部へ侵入・破壊し、経済を統合するために自己組織化する過程を「市場の内部化」と呼び、一般財および労働力におけるそのメカニズムを分析してきた。

それによれば、市場は、コミュニティや国家などの非市場社会の間に発生し、それが拡大、発展するにつれて次第にそうした社会の深奥へと浸透しながら、その内部における旧来の生産関係（たとえば封建制）や生活形態（家族）を解体し、資本がそれらを市場経済社会として再組織化していく。また、労働力商品化を契機として成立する資本主義市場経済も労働力商品化のパターンに応じて進化する性質を持つことを明らかにしてきた。

一九七〇年代以降、先進諸国では、経済の中心が第二次産業からサービス・情報関連の第三次産業へとシフトし、第三次産業の雇用者数が過半数に達する「脱工業化」が急速に進んだ。とりわけ、グローバリゼーションが喧伝されるようになった一九九〇年代以降、「知識と情報の生産、配分、利用に直接的に基づく知識基盤経済（knowledge-based economy）」が成立し、「知識が生産性や経済成長の駆動力であると認識され、経済的成果において知識、技術、学習が果たす役割に新たに関心が集まりつつある」との認識が示された(OECD, 1996)。

実際、OECD諸国で、知識集約度の高いハイテク産業のR&Dが増加し、高度な技能や専門的知識を要する知識集約型労働に対する需要や人的資本投資が増大している。その反面、情報に関わる技能労働と単純労働の間の経済格差が拡大している。

アメリカでは、音楽家、芸術家、科学者、SEといった特殊技能や専門知識などの人的資本を持ち、比較的高い所得を得ている「創造階級(creative class)」が労働人口の三〇パーセント以上を占めるに至っており、彼らが新しい文化を形成しながら経済発展を牽引している(Flolida, 2002)。アメリカと同じく、日本やヨーロッパでも創造階級の台頭は都市部を中心に見られ、新たな階級問題を生み出しつつある。

本章の最後に「市場の内部化」過程が、このような知識経済化の現実傾向といかなる関係にあるのかについても見てみよう。一般財、労働力に関する外部商品化、内部商品化、一般商品化というモデルを使った資本主義市場経済の進化と同様に、知識・情報の商品化についての考察も試みたい。情報財と物財の特性を比較考察することで、情報財の固有な特性が浮かび上がってくるであろう。

情報財と物財の特性比較

まずは、知識・情報の商品化について考察するために、情報財と物財の特性上の違いを見てみよう。物財の新技術・新製品開発は、当初、発明家や資本家が個人的な才能や創造性、時間や労力を費やして行うものなので、開発費用の計算は困難である。しかし、開発が偶々成功して製品の販売予想が膨らめば、やがて企業が開発を組織的に担当するので、開発費用はより明確に計算される。情報財についても事情は変わらない。ただし、情報財では執筆やプログラミング（校正やバグとりを含む）が「開発」であり、印刷・複製が「生産」に相当する。情報財が物財と異なるのは次の三点である。

第一に、情報財はひとたび開発されれば、減耗・腐朽せず半永久的に利用可能である。情報の記録媒体が物的に摩耗することはあっても、情報自体は劣化しない。この点で、情報財は、物理的償却期間が長い固定資本や耐久財に似ているが、その期間は半永久的である。

そもそも知識とは、その客観的・受動的な「存在」である情報やデータのみならず、人間の主観的・能動的な精神「活動」をも含む、一般的概念である。後者の形態において知識は、個人の身体や人格の中にストックとして体化されている。それは実践的活動において活性化されて開発や生産を可能にし、それを通じて身体内でストックとして再生産される。したがって、この意味での知識は、主体的な肉体・精神活動である「労働」によって生産される「労働生産物」であるだけではなく、物的生産物と同時に生産される「結合生産物」であり、固定資本のように蓄積可能である。

ノイマン型コンピュータの生み親である数学者フォン・ノイマンや新古典派の一般均衡を批判した経済学者スラッファは、技術を体化した固定資本が生産過程で利用されるごとに一期古い固定資本として結合生産されると考えた。ここで、わたしたちは、知識を固定資本に類似するものと見なしている。しかし、有限な物理的償却期間を持つ固定資本とは異なり、知識は半永久的な耐用期間を持つので、それが結合的に再生産される限りは減耗しない。ただし、物財は物理的劣化とは別に、効率性、性能、デザイン等で優れた別の商品が開発されれば、経済的に陳腐化してしまう。これはマルクスのいう「無形の損耗」にほかならない。情報財の場合、一方における頻繁なバージョンアップとイノベーション、他方における移ろいやすい流行や人気のせいで、この経済的陳腐化の程度は物財よりも著しい。

第二に、現代の情報通信技術が複製・流通コストを急激に低下させたため、物財と比較して、情報財における生産費用（複製費用）の開発費用に対する割合はずっと低くなった。よって、平均単位費用（費用価格）のほとんどが開発費用である。つまり、その価格形成において生産（複製）のための直接費よりも開発のための間接費が圧倒的に大きな割合を占めている。情報財では、販売数量が増加するにつれて平均単位費用が急速に逓減するので、定価販売時の利潤は逓増する。このため、情報財では、巨大マーケットやヒット商品をめざす開発競争が激化する。

第三に、低廉な複製・流通コストのおかげで、同一の情報財（のコピー）を同時に多数の人間やコンピュータが所有し利用することができる。コンピュータ・ソフトから、音楽、写真、映像、文字情報に至るまで、情報財の多くはＣＤ、ＤＶＤ、ＨＤＤ、フラッシュメモリーなどの記録媒体に低コストでコピーできるし、ブロードバンド経由のインターネットでは情報の高速大量伝送ができるので、多数の人間、理論的には現在から未来にかけて地球に住むすべての人間が同一の情報財（のコピー）を同時に共有・共用することが可能である。

個人がある財の便益を享受しても、他人が同時にその便益を享受することができるとき、それは

「非競合性」を持ち、財の便益を享受する個人から対価を徴収することが困難であるとき、それは「非排除性」を持つという。複製・流通が容易という条件の下では、情報は非競合的かつ非排除的である。

こうした情報財を商品化するには情報財に対して排除性を人工的に付与しなければならない。まず、国家が著作権（コピーライト）を保護し、無断複製を法的に禁止する必要がある。しかし、それだけでは違法コピーを防ぐことはできない。複製・流通から防御するために様々なコピーガードが開発されているが、それを解除する技術も次々に開発されるので、「いたちごっこ」でしかない。このため、著作権やコピーガードにより情報財の私的所有権を保護するよりは、より自由に情報を共有するほうが社会的に望ましいと考える人々の間で、コピーライトを批判ないし否定するコピーレフト運動が広がっている。

しかし、情報には言語や文化などフォーマットの違いがあり、また、人間には時間の有限性と情報の収集、認知、理解の限界があるので、無限の情報財を享受することは事実上不可能であることに留意しなければならない。情報財はその受け手が置かれている時間や空間、その人が属する文化社会、コミュニティ、その人の持っている価値や関心といった、種々の局所的環境条件により自ずと選別される。これは物財にもある程度当てはまるが、情報財ほどではない。情報財の市場拡大はこうした条件により強く制約を受けている。

物財の生産費は相対的に高いので、「規模の経済」によっても価格はそれほど下がらない。このため需要側に予算制約がかかり、貨幣的な有効需要原理が働く。他方、情報財の複製費用は低いので、大量安価な供給が可能だが、需要側で時間・認知能力の制約、社会的・文化的選別フィルタがかかるので、認知的な有効需要原理が働く。情報財の市場は、文化社会、コミュニティの磁場から完全に逃れることはできないので、その高い開発費用を広範にカバーできるほどには情報財の販売数量は伸びず、価格も低下しない。

資本主義的生産様式は、単純労働によって補助された巨大固定資本であるベルトコンベア工場に象徴されるように、製品のモジュール化、部品の規格化、作業の標準化を進め、人間自身を機械の一部として組み込みながら自動生産をめざすような冷厳な合理性を内蔵している。こうした巨大固定資本に関する新技術や新製品の開発者には様々な経験・技能・判断力が要求されるが、彼ら彼女らが開発活動に継続的に従事することで、そうした知識が結合生産物としてその身体内に再生産され、人的資本として蓄積される。

情報財の生産の場合も、物財と同じように、単純労働による自動生産化の補完と、自動生産化を可能にする情報に関する人的資本析出のメカニズムが存在する。高付加価値の情報財を創造する能力を持った人々は、いわば知識・情報が体化された人的資本を所有する「創造階級」を形成する。その一方で、人的資本を持たない人々は、コンピュータ・プログラムでは簡単に実行できないが、人間にとっては比較的単純な作業、たとえば、状況把握、データ収集・入力、人物認証、電話での応答を低賃金請負労働で行う。こうした単純精神労働者が大量に生み出されると、「知識基盤社会」における新たな階級分化が発生する。

情報財の商品化の進展

主要な生産財と消費財がともに物財である「物財基盤社会」では、生産技術、製品意匠、商標などが知識・情報である。そこでは、ある個人や企業が新技術や新製品を開発・発明すれば、特許権（パテント）や意匠権・商標権により一定期間だけ排他的独占権を与えられる。その間、生産性やコスト、品質やデザインの差異に基づく超過利潤を得るか、もしくは、特許使用料、意匠・商標使用料を得て模倣を許すことになる。

こうした知識・情報の開発目的は、それを直接販売することではなく、生産技術や商品意匠を生産的に利用（消費）することで生産される物財を商品として販売することである。

そうした知識・情報の独占を法的権利により認められた場合に限り、超過利潤や使用料を得る。さらに、特許権や意匠権の売買を斡旋したり、自ら売買して差益を得たりする専門的仲介業者や商人が発生する。これが情報財の「外部商品化」である。

やがて、企業は新技術・新商品の自社開発費用と他企業の技術・商品の模倣費用（特許使用料や意匠使用料等を含む）を比較し、有利な方を選択するようになる。そうして自社開発に伴う無駄や無計画性が排除され、新技術・新意匠の開発費用が企業内部でも費用価格の計算に反映されるようになる。こうして情報財の「内部商品化」が生じる。

さらに、企業によるR&Dのアウトソーシングが増え、専門的な技術開発のコンサルティング会社や製品のデザイン会社が生まれてくれば、技術の発明・開発、設計に関わる情報財を他企業へ利潤目的で販売する企業が派生してくる。これは、情報財の「一般商品化」に相当する。

このように、「物財基盤社会」では、工業製品技術や意匠、商標といった情報財の「開発」に関わる商品化が進展するが、「知識基盤社会」における情報財の商品化の進展も、基本的には「物財基盤社会」における情報財の商品化と同様のパターン（外部化→内部化→一般商品化）をたどる。ただし、「知識基盤社会」においては、それが生産財や消費財の開発全般において全面化するのである。そして、個人情報、信用情報、生体情報、遺伝情報、気象情報など各種情報財が商品化されるようになる。

無償配布されていたフリーソフトが有料化されると、情報財の「外部商品化」が生じる。すると、こうしたフリーソフトを利用して自分でプログラムを書いていた個人も使用料を支払わなくてはならなくなる。その結果、自己が開発してきたフリーソフトの費用価格もプラスになり、その有料化が不可避になる。これが情報財の「内部商品化」である。

さらに、利潤を目的とするマイクロソフトのような大手ソフト会社がＷｉｎｄｏｗｓＯＳだけでなく、その上で動くアプリケーションをパッケージ化して大量販売すると、情報財の「一般商品化」が成立する。こうして、マイクロソフトがソフト市場を支配するようになると、他のＯＳを使うことが、他のユーザーとの互換性、アプリケーションの種類などの点で著しく不利になるので、誰もがＷｉｎｄｏｗｓを利用せざるを得なくなる。こうしたロックイン効果により「デファクト・スタンダード（事実上の標準）」が確立する。

このような「ネットワーク外部効果」のせいで、情報財市場は市場の独占化が急速に進みやすい。独占化による情報財の大量販売は平均費用を引き下げ、純利益率を高めるため、独占的企業はさらに巨大化する傾向がある。

汎通的傾向としての市場の内部化

ここまで、「市場の内部化」という概念を用いて、一般財、労働力商品、さらに情報財における商品化について明らかにしてきた。本章で、わたしたちが見てきた「市場の内部化」論の意義は二つある。最後に、それについて考えてみよう。

まず、それは、商品化の進展を駆動する動因（agency）が資本形式であること、しかし、資本が動因となるためには人間の欲望、意識、行為を媒介にする必要があることを示した。

生物学者ドーキンスは、かつて生命情報を伝達する遺伝子とのアナロジーで、人間が模倣を通じて文化情報を伝搬する単位として「ミーム（meme）模倣子」を考えた（Dawkins, 1976）。今この比喩を使えば、資本は「ミーム」に、人間はそれを運搬する「乗り物（vehicle）」に相当するだろう。市場の内部化を通じて、資本の乗り物である人間が、利己心と等価意識を持つ独立した自由な人格として生成し、費用の比較考量を行い、利潤追求をめざす資本家ないし投資家へと陶冶されていく。

第二に、「市場の内部化」論は、市場経済が社会、文化、制度などの非市場的要因によってのみならず、市場の形態形成を意味する商品化のパターンに応じて多様性を示すこと、そして、資本主義市場経済は市場経済の特殊な一形式として分岐的に生成し、自己組織化的に分化・発展する動態的特性を内蔵していることを明らかにしている。

経済学者の伊藤誠はその著書のなかで、一九世紀末以降の資本主義経済の非純粋化という歴史的傾向が、一九七〇年代以降の大不況の過程で逆転され、自由主義段階ないし重商主義段階におけるような資本主義の自立性の回復、再活性化が生じていると考え、それを「逆流する資本主義」と呼んだ（伊藤、一九九〇年）。ここで伊藤が「逆流」というのは、一九世紀末以降の列強諸国と植民地への分極化が資本主義の「部分性」を示すものと一般に理解されてきたからである。

だが、すでにわたしたちが詳らかに見てきたように、一九九〇年代以降のグローバリゼーションの深部で進行してきたのは、市場の空間的拡張と非市場領域への浸潤である。それは一九七〇年代から徐々に進行してきたものが、特に一九九〇年代に明確な形で現れてきたものである。一層大きく見れば、市場の内部化の傾向は資本主義市場経済が確立してから現在に至るまで、その間に商品化が停滞する時期（一九世紀末以降の帝国主義段階）や、市場を「計画」に置き換えることにより商品化が後退した時期（第一次大戦以降の社会主義計画経済の群生）があったとはいえ、持続的に存在してきたのではないだろうか。

市場の内部化が観察しにくい時期があったのは、それに対する様々な阻害要因があったためであり、そうした傾向が存在しなかったからではない。とすれば、一九七〇年代以降の動きは「逆流」というよりも、むしろ海上の潮流や乱流から影響を受けずに海底を流れ続ける深層海流に沿った「順流」であると言えよう。

また、グローバリゼーションは、社会的、制度的、技術的な諸条件が偶然的に揃ったために、市場の内部化が観察しやすい現象として現れてきたものである。空気中を落下する木の葉は、空気抵抗により大きく揺らいで空中を旋回したり、風に吹かれることで時に上昇したりしながら、時間をかけて地上へ舞い落ちる。ところが、真空中では木の葉も岩石と同じく垂直に自由落下する。「重力」は空気中であろうが真空中であろうが、常に存在し作用し続けている。しかし、物体の落下運動は落下物の空気抵抗などの性質、空気濃度、風の方向・強度など様々な条件に依存するため、空気中の木の葉の落下では「重力」の存在と作用は明確には現れないのである。

市場の内部化も、「重力」のような普遍法則的な力もしくは傾向として実在し、それは、物体の落下に相当する商品化の「外延的拡大」と「内包的深化」という目に見える現象を引き起こす。市場は、単なる受動的な価格メカニズムや価格計算機械ではなく、生命体のように能動的な自己組織化原理を備えており、資本は、資本主義市場経済の分化・成長・進化を引き起こす動因（agency）であると捉えることではじめて、資本主義の本性的なダイナミズムを理解することができる。

グローバル化した資本主義は、土地、資金、資本の「一般商品化」（擬制資本化）を完了し、いまや部分的にせよ、労働力について「一般商品化」（擬制資本化）を進めつつあるだけでなく、知識経済化の中で市場は人間のより内部へ浸潤しながら、情報財の商品化を推進している段階と言えよう。

第五章●コミュニケーション・メディアとしての貨幣

貨幣の本質

第三章の貨幣の生成論で見たように、貨幣の本質を突き詰めると、それは、自分の欲望ではなく、他者の欲望の予想を媒介に成立するものであることがわかる。「何か」を貨幣として受け取るのは、次に誰が受け取ってくれるかと予想することだからである。そして、同じ予想の連鎖が継続していけば、この「何か」は貨幣として受け取られ、その結果として貨幣というコトが成立する。

だが、貨幣というコトが安定的に持続すると、貨幣それ自体が価値を持ってくるように見えてくるであろう。人々がコトとモノの差異を忘れて貨幣を受け取るのは、未来を合理的に予想するからではなく、単に過去と同じ事態が未来も続くと信じるからである。人々がそう信じれば貨幣のコトとしての価値は実現されるので、この「信頼」は非合理な錯覚ということもできない。では、ここで人々が信頼しているものは、なんだろうか。

それは、コトとしての貨幣の価値の「同一性」であり、それを支える「慣行」であって、発行者の約束や権力でもなければ、貨幣のモノの価値でもない。その証拠に、ゆらぎにより貨幣の価値がある一線を越えて低下すれば、人は社会の慣行を疑い、他の人々が受け取らないことを予想して自分も受け取らなくなる。

こうして、貨幣というコトが崩壊すると、貨幣の価値が累積的に下落するハイパーインフレーションに突入する。他方、デフレスパイラルでは、人々が貨幣をありがたがってモノのようにため込むため、失業や倒産が生じる。

貨幣が不安定なのは、実は現代貨幣のどこにも信用の基盤がなく、またコトとしての貨幣に対する信頼のよすがが余りにも弱いからである。信用貨幣は、発行者による債務の返済（兌換）の確実性を信用するところに成立する。しかし、不換紙幣を発行する中央銀行は、貨幣の管理権限を独占しながら、債務返済の義務をはじめから免責されている。だから人々は貨幣を根本的に信用できない。

一方、人々が貨幣を受領・保有する動機が経済的・利己的である限り、それを国民的共同性から信頼することはないのである。にもかかわらず、貨幣というコトが成立しうるのは、貨幣がわたしたちにとって不可欠な媒体であることを人々が本能的に知っているからであろう。

歴史的にみると、貨幣の進化には二つの方向性が読み取れる。第一に、貨幣の脱モノ化と情報化である。穀物・家畜→貴金属・鋳貨→紙幣→預金→カード→電子マネーと、貨幣は物質性を薄め、何の実体的な裏付けもない符号や情報へと近づいている。いまや貨幣は概念や観念などと同じく「コト」になりつつある。

第二に、貨幣の信用貨幣化である。鋳貨（本位貨幣）→手形・兌換銀行券・預金通貨（一覧払い債務証書）→不換銀行券（請求権なき債務証書）と、貨幣の内実が素材自体が価値を持つ「本位」から負債の「証書」へと変化し、さらに不換化により、その負債自体が有名無実となった。貨幣は現金たる中央銀行券と民間銀行の債務証書たる預金通貨へと分化したのである。

貨幣の未来

それでは、貨幣の未来はどんなものか。一つのシナリオは、次のようなものになるだろう。ハイパーインフレーションは、貨幣の死滅や物々交換への回帰を意味するわけではない。それは、ある一つの貨幣（たとえばドル）の死滅であり、別のあらたな貨幣の始まりである。そして、新貨幣は、脱モノ化と信用貨幣化をさらに進めた貨幣、おそらく国民国家を越えるグローバルな発行機関に管理される電子マネーという姿をとるであろう。だが、それは現在の国民通貨のあり方を地球規模で反復することにすぎない。それゆえ、ハイパーインフレーションは危機ではなく、危機の未来への先送りなのである。

そして、もう一つの未来は、貨幣の本質をすべての人々が自覚することから始まる。先のシナリオを回避するには、貨幣を廃棄したり、貨幣の本質を保持したりしてそれを集権的に管理するのではなく、貨幣の本質をミクロレベルからわずかずつ変え、市場経済全体をその内部から体質改善する必要がある。とりうる一つの道は、貨幣の進化を「信用貨幣」から「信頼貨幣」へと軌道修正することだろう。貨幣が脱モノ化し、しかも「信用」の基盤を喪失した現代貨幣がなお存立し続けているという事実は、貨幣というコトが「信頼」のみによっても相当の期間持続しうることを逆説的に示しているのではないか。

むろん、言語や民族、文化や規範、価値や関心を異にする人々が存在するグローバル空間に信頼貨幣を一挙に構築することはできない。まず、人々がコミュニケーション可能なローカルな範囲で信頼貨幣を築くことが第一歩となろう。

グローバルな貨幣管理

貨幣のあり方を変える試み自体は、これまでも数多く試みられてきた。すでに述べたように、二〇世紀は貨幣の廃絶と管理の失敗の一〇〇年であり、最終的にグローバリゼーションが押し寄せた時代であった。二〇世紀末と今世紀冒頭の一〇年に幾度も起こった、金融危機、通貨危機、さらにソブリンリスクの世界的な高まりをみれば、二一世紀はグローバル、リージョナル、ローカルの各レベルで、より本質的な貨幣改革への挑戦が始められる時代となるであろう。

では、そこにはいかなる代替案がありうるのだろうか。まずは、これを概観しておくことにしよう。ここでの課題は、様々な貨幣改革案を子細に吟味して、その妥当性を検討することではなく、各々改革案がいったい貨幣の何を批判しているのかを概略的に見ることである。そこから、貨幣をめぐる問題構成の大まかな見取図を手に入れることで、わたしの考える貨幣改革への補助線としたい。

貨幣改革の第一の選択肢は、グローバルな投機的取引を管理することを目的とする「トービン税」を導入することである。外国為替取引の八五パーセントは投機的な取引であり、八〇パーセントが一週間以内に決済される往復取引であるといわれているが、こうした超短期の資本移動を抑制するため外国為替取引に対してごく低率(〇・一〜〇・二五パーセント程度)の税金を課す。これらの税は、貧困根絶、雇用創設、感染症対策、地球温暖化などグローバルな緊急課題に供出される。トービン税は、一国だけで行っても投機的な資本はタックス・ヘイヴンへと逃避するので、各国が一斉に導入に踏み切らなければ実効性に乏しいのは明らかである。二〇〇八年の世界金融危機後、英国のブラウン首相がトービン税を提唱し、二〇〇九年にはブラジルで事実上トービン税が導入された。欧米各国でもトービン税法案が議会で決議されたり、法案提出が検討されたりしているが、金融業界からの反発は大きく、まだ実施されていないので、国際的コンセンサスを得るには時間がかかるだろう。これは、短期的資本移動すなわち投機的取引そのものに問題を見いだし、それを国家の租税政策を利用して阻止することを目的としている。

第二の選択肢は、グローバルな管理通貨制を確立することである。たとえば、ケインズが第二次大戦後の国際通貨制度として提案した「バンコール」のように、人工的な国際通貨を作り、世界中央銀行がそれを管理するという方法が考えられる。しかし、アメリカはかつてケインズ案を受け入れず、結局ホワイト案に基づいてIMFを作ったという経緯がある。IMFは一九六九年にSDR(特別引出権)を創設し、IMFの出資額に応じて加盟国に配分した。これは当初、ブレトン・ウッズ体制(固定為替相場制)を維持するために、加盟国が金やドルなどの準備資産を補完する目的で利用することとなっていた。しかし、変動相場制への移行に伴い、SDRの必要性は低下することとなった。ところが、二〇〇八年の世界金融危機後、このSDRの配分額の見直しが行われ、それまでの二一四億SDRは、一気に二〇四一億SDR(約三二一〇億アメリカドル相当)へ増額、配分された。ＳＤＲは、一九六九年当時の一アメリカドルに相当し、金〇・八八八六七一グラムに相当する価値を持つと定められたが、変動相場制の現在では、その価値はユーロ、日本円、イギリスポンド、アメリカドルの加重平均で決定されている。ＳＤＲはＩＭＦなど国際機関における会計単位として使われているが、通貨でも、ＩＭＦへの請求権でもない。それは、加盟国の通貨に対する請求権であり、ＩＭＦから融資を受ける権利を意味している。ソブリンリスクの発生などで自国の準備金が足りない場合に活用する可能性があるが、これが世界通貨になる可能性は低い。なぜならば、この制度自体、アメリカドル、イギリスポンドなどの既成の国家通貨の存在を前提とするものだからである。

アメリカはドルが世界基軸通貨であることによって大きな貨幣発行益（シニョレッジ）を得ているのだから、既得権益を自ら手放すようなことはしないだろう。また、ＥＵとして歩み始めたばかりのヨーロッパがユーロを捨て、国際通貨創設の提案に応じるとは考えにくい。アジアには、中国、ベトナム、北朝鮮などの社会主義陣営が残っているし、南北格差は縮まるどころか、むしろ開いている。こうした相対立する諸勢力が分離独立している状況において全世界に受け入れられるようなグローバル通貨を実現することは、第二次大戦後よりもいっそう難しいと言わなければならない。

第一と第二の提案は通貨や資本の管理といったケインズ的な見地からなされるもので、いずれも資本の浮動性、投機性を国家連合や世界政府がいかにグローバルに管理するかに焦点が当てられている。つまり、管理のよりいっそうのグローバル化がここでの課題とされている。そして、国民国家に代わる地位を占めると考えられているのか、グローバル連邦政府である。

第三の選択肢は、現在の市場の自由化・規制緩和の流れを「貨幣発行自由化」ないし「フリー・バンキング」へと転換することである。たとえば、ハイエクが主張したように、中央銀行による貨幣発行権の独占を貨幣の国有化ないし国営化と捉え、その非国営化すなわち民営化を求めることである（『貨幣発行自由化論』）。民間銀行や企業は、多数通貨ないし多数商品のバスケットを支払準備として保有し、独自の名称を持つ銀行券を発行する。国民は、発行主体の発行量や発行準備に関する公開情報を参照して、多数通貨の選択を自由に行う。こうして、発行主体が銀行券流通をめぐって相互に競争し、通貨間に変動レートが採用されるならば、「良貨が悪貨を駆逐する」という「撰銭」の原理が作動するはずである。ここには、国家が独占する貨幣発行益を消滅させ、インフレーションという貨幣の堕落を阻止し、個人が享受する便益を高めようという狙いがある。むろん、ここでも中央銀行券や預金通貨が同時に流通してもよい。現在、一般企業が参入しているネットバンクは、貸出業務は行わずに預金・決済業務に特化する「ナローバンク」という形態をとっているが、それらが発行するネットワーク型の電子マネーは新たに創造されるものではなく、現金通貨や預金通貨の代理物にすぎない。今後、ネットバンクに信用創造が許されることになったとしても、複数の異なる通貨が発行されない限り、事態に大きな変化はないであろう。国家通貨における現金通貨と預金通貨の二層構造は維持されるのだから、信用創造の膨張と収縮の振幅が変化するに止まると言えるだろう。

他方、超国籍企業が、為替変動リスクを回避するために、企業内部で流通する独自の企業通貨を採用する可能性もある。たとえば、トヨタやソニーというメーカーやグーグルやヤフーといったネット企業が独自の通貨を発行し、運営するということである。企業収益は、それを換算する為替レートによって変動するため、場合によっては、ある通貨で換算すると黒字、別の通貨で換算すれば赤字となるようなことが起こっており、現行の各国通貨は価値尺度として適切な役割を果たせなくなっているからだ。企業通貨の中央銀行が一定の比率で各国通貨のバスケットを保有すれば、為替レートが変動しても資産価値を一定に保つことができる。したがって、それを基準とする企業通貨を利用して内部取引を行えば、為替リスクを免れることができるし、外部との取引の際も中央銀行の各国通貨保有がバッファの役割を果たす。この三つめの選択肢は、自由化・民営化を市場構造や産業組織といった分野に限らず、貨幣・金融システムでも実施していくことで、競争原理を徹底させ、国家の地位を低下させようとするいわゆる自由主義的な改革案である。

貨幣発行改革論

第四の選択肢は、貨幣発行の自由化からさらに進み、貨幣制度のより広範な再設計へ向かう道である。ジョセフ・フーバーとジェイムズ・ロバートソンは、「新しい貨幣」のための貨幣発行改革案を提示したが（『新しい貨幣の創造』）、これは、現行の金融システムの基本構造を維持しつつも、第三の選択肢と全く逆に、中央銀行の発行権限を強化し、民間銀行の信用創造を禁止しようというものである。具体的には、民間銀行が有する要求払預金（当座預金、普通預金等）はすべて中央銀行に移管し、中央銀行は所定額を政府に貸し付ける（政府の当座勘定に振り替える）ことによって預金通貨を発行する。民間銀行は信用創造を行う能力を奪われ、定期預金の受入れ、貸付を行う金融仲介銀行となる。これにより、民間銀行が現在享受している貨幣発行益（貸付金利と預金金利の差）を中央銀行へすべて回収し、政府がそれを公共支出や債務償還に使うことで国民へ還元する。これは、日本の郵便貯金と財政投融資の仕組みにやや似ているが、次の点で根本的に異なる。

まず、郵貯のほとんどは定額貯金など貯蓄性預金であり、要求払預金は少ない。また、財投では、貸付主体が財務省資金運用部、借入主体は特殊法人だが、この提案では、貸付主体は日銀であり、借入主体は政府になる。それゆえ、現金通貨と預金通貨の貨幣発行主体は日銀に一元化される。中央銀行はマネーサプライ（マネーストック）を直接管理できるので、景気やインフレーションを制御しやすくなり、信用のバブル的膨張を事前に回避しうるというわけである。だが、このような中央銀行による一極管理方式によって、十分な貨幣供給がなされうるのか、決済システムは円滑に機能しうるのか、グローバル市場経済という枠組みにおいて一国的な景気のコントロールは有効なのかなど、その実行可能性が吟味されるべきであろう。これは、貨幣制度設計における未知の可能性を追求する自由をさらに拡張しようとする方向性を示しているが、他方で、貨幣発行主体を一元化しようとする集権的管理の発想を引きずってもいる。

最も根源的な貨幣改革案

そして、第五の選択肢が、貨幣の本質を根本から見直し、現行貨幣の特性の一部を変更・除去した貨幣をボトムアップ式に形成していくことで、資本主義市場経済のマイナス面をカバーするか、あるいは、マイナス面そのものを内側から変えていこうという試みである。オルタナティブ・バンク、マイクロクレジット、コミュニティ通貨、減価通貨などの試みがそれに当たる。

貨幣発行自由化案は、民間銀行や民間企業に対して貨幣発行の自由を付与することで、発行主体間の競争を促す試みであり、他方、貨幣発行改革案は中央銀行による貨幣発行の独占を実効的なものにし、マネーサプライの制御可能性をいま以上に高めようとする試みであった。これらは、発行理念・倫理、発行主体、流通圏、利子といった貨幣・金融制度のより根本的な諸原理に改変を加えようとするものではなかった。

コミュニティ・バンクは、現行の貨幣・銀行制度を維持しつつも、経営理念や融資目的の中に環境との共存や地域コミュニティの振興といった倫理的・社会的要素を組み込むものである。また、マイクロクレジットは途上国における貧困層、特に農村地域の女性グループに対して無担保、連帯保証で少額事業資金を融資するものであり、極めて高い返済率を誇っている。バングラデシュのグラミン銀行（農村銀行）の事例が有名だが、これは女性の自立と貧困の解消を伴った内発的な経済開発を促す融資手法として、多くの途上国や先進国の貧困地域で利用されている。

他方、コミュニティ通貨、特にＬＥＴＳは、現在のところもっともラディカル（根源的）な貨幣改革であるというのが、わたしの考えである。それは貨幣のいくつかの主要な要素を置き換える。発行主体をコミュニティや諸個人とし、流通圏を一定のコミュニティ内に限定し、無利子を原則とする。無利子という点では、イスラム金融もまた注目されている。イスラム法（シャリーア）では、利子（リバー）をとることが禁じられているので、無利子銀行が戦後多く創られた。利子以外の形の収益を投資家に配分するためのイスラム債券（スクーク）にも様々なスキームのものがある。

減価通貨はマイナスの利子を導入するものである。利子は経済的な時間構造を規定する。現行の金融制度のように利子率がプラスであれば、それにより、未来に獲得される収益（将来価値）は割り引いて評価されるので、現在がより重視される。一方、ゼロやマイナスの利子は、過去、現在、未来の価値が一様な時間構造か、過去から現在、現在から未来へと価値が逓増する時間構造が生成される。こうした時間構造の下では、その育成や維持により長い時間を要する自然環境、コミュニティ、伝統・文化の意義がいままでよりも高く評価されることになるだろう。

貨幣は市場を作り出すメディアであるとともに、資本の不可欠な構成要素である。それゆえ、貨幣を変えれば、それにより形成される市場の特性や資本の存在様式、さらにこれらに規定されている経済のみならず、文化や倫理を変えることができるはずである。

第五の選択肢に含まれる貨幣改革案は二〇世紀に世界各地で始まったが、これらの試みはいずれもコミュニティ、倫理、利子、時間、世代、性、文化といったより根本的な問題群から貨幣を問い直している。それらはまた、貨幣や金融を改革することを通じて社会のトータルなあり方を提案している点でも共通している。

コミュニケーション・メディアとしての貨幣

上に見た、五つの貨幣改革案は、後へ行けば行くほど、より根源的なレベルから貨幣を問い直し、経済以外のより広範な社会的領域を視野に入れて貨幣の制度設計を追求していることがわかるだろう。

少なくともこれらは、前世紀の貨幣の廃絶と管理という試みの後、もはや何の可能性も残されていないかに見えた貨幣の未来に広大な未知の領野が残されていることをわたしたちに教えてくれる。現在の時点で変更不可能だと思われる制度やルールの下で不可視な領域は、それらが未来の時点で変更可能であると考えることによってはじめて見えてくるのである。

わたしは、現在の貨幣のあり方を変えることが、現在のグローバリゼーションが生み出した様々な危機を乗り越える突破口になると考えている。そして、より具体的には、人々が貨幣をコミュニケーション・メディアとしてとらえ直した上で、統合型コミュニケーション・メディアである「コミュニティ通貨」について深く考え、それを下から少しずつ広めていくことがその端緒となる、とわたしは考えている。しかし、コミュニティ通貨のシステムや仕組みをそのまま提示しても、おそらく多くの人々にとってそれは単なる奇抜なアイディアか空想的なユートピアにすぎないと映るであろう。

わたしたちは、すでにグローバリゼーションの意味とそこから派生する諸問題（第一章）、新古典派経済学と一般均衡理論の描く市場像の誤り（第二章）、自律分散型市場の特徴とそこでの貨幣の役割（第三章）、さらに「市場の内部化」と通じて段階的に進化する資本主義のメカニズム（第四章）について、見てきた。これらは、貨幣の必要性と可能性、市場経済と資本主義の関係を正確に理解し、グローバリゼーションなど現代の経済的諸現象をそうした視点から解読しようという試みであるが、本章では、さらにコミュニティ通貨の意義と可能性について触れていきたい。

それは、貨幣が本来持っている「コミュニケーション・メディア」としての特性を甦らせることであり、それは、コミュニティ通貨以外の貨幣のあり方やわたしたちの内部の価値や動機までを変えうる可能性があるものと考えている。具体的に、コミュニティ通貨に触れるまえに、まずは、わたしたちのコミュニケーションのあり方について考察し、そこからコミュニケーション・メディアとしての貨幣を浮かび上がらせよう。

ルーマンのコミュニケーション・システム

社会学者ニコラス・ルーマンは、全体社会をコミュニケーションのオートポイエティック（自己創造）・システム、すなわち、コミュニケーション・システムとして捉え、経済、政治、学問、宗教等をそれぞれ特有な（象徴的に一般化した）コミュニケーション・メディアが機能する、全体社会の部分システムであると考えた。ルーマンによれば、コミュニケーションとは、送り手から受け手へ情報を移転することではなく、情報、伝達、理解の三つの選択の創発的統一体として把握される。ルーマンの言う「メディア」は、マスコミ、伝達手段、媒体などを表す通常の用法よりもさらに広い意味を持っている。

コミュニケーション・メディアには、（一）視覚的・聴覚的な記号を使うことによって意味についてのコミュニケーションを成立させる「言語」、（二）文書、印刷、通信技術等、言語によるコミュニケーションの到達範囲を時間的・空間的に広げる「拡充メディア」、（三）貨幣、真理、権力、愛、規範などの「象徴的に一般化したメディア」という三タイプがあり、それぞれコミュニケーションにおける理解、到達、成果（受容）の不確実性に対応するものである（Luhmann, 1984＝1993, 1988＝1991）。

ここで、「象徴的一般化」とは、差異を媒介し、分離を結び付ける機能であり、逆に、「悪魔的一般化」とは、差異を作りだし、相互に分離させる機能である。通常、これら二つの機能は分かちがたく結びついている。

「拡充メディア」は情報の到達段階で機能するので「到達メディア」、「象徴的に一般化したメディア」は受容段階で機能するので「受容メディア」と呼んでもいいだろう。主体はこの「到達メディア」を通じて得た情報を「受容メディア」に基づいて受け入れるかどうかを判断し、絶えず取捨選択を行っている。その意味で、「受容メディア」は情報の選別と動機付けをもたらす「フィルタリング」の役割を果たす。「受容メディア」を媒介として送り手と受け手の間で情報の体系としての知識が共有されるが、それは完全に同じではなく、自他の間に差異が生じる。その意味で、情報の間主観化（結び付け）と脱間主観化（切り離し）が同時に働くのであり、自己と他者は分離しながら結合している（正村、二〇〇一年）。

貨幣と言語の同型性

ここで、ルーマンの考えに基づいて、貨幣と言語の間の同一性と差異について考えてみよう。

貨幣とは「支払い」というコミュニケーションを媒介するメディアであり、支払いというコミュニケーションで形成される部分システムが「経済」である。同様に、権力メディアが形成する部分システムが政治、真理メディアが形成するのが学問である。このように、全体社会がメディアの種類により部分システムへと分化すると考えるのが、ルーマンに特有な社会観である。

貨幣と言語は社会的・文化的進化の産物である「人工メディア」であるが、これら二つのメディアにはいくつかの点で同型性が見られる（春日、二〇〇三年）。まず、メディアと形式を区別しよう。「メディア」とは緩やかな結合により特徴づけられるものであるのに対し、「形式」はリジッドな構造や強い結びつきを作り出すものである。メディアは様々な形式をとりうるが、一つの形式を刻み込めるのは一つのメディアである。

言語メディアの場合、形式は「言表」であり、そこには表現対象、主体、状況等の多層的な構造が表現されている。貨幣メディアの場合、形式は「支払い」であり、支払い対象、主体、支出計画等が表現されている。

また、貨幣と言語はともに時間・事象・社会の三次元における差異を克服する「一般化」という観点でも同型的である。貨幣の事象的一般化は貨幣の価値尺度機能が可能にするものであり、多様で、異質な「商品」に一次元的な「価格」を与えることにより、通約可能性や比較可能性を与える。貨幣での「商品」と「価格」に対応するのは、言語での「文章」と「意味」である。

貨幣の価値尺度機能ほどではないが、言語にも事象的一般化の機能がある。貨幣と言語の決定的な差異は、貨幣が価格表現により商品の質的な多様性や複雑性を一元的情報へと縮約する「一元的メディア」であるのに対して、いま述べた事象的一般化の機能があるとはいえ、言語は圧倒的に多様性と複雑性を保持した表現が可能である「多元的メディア」であるという点にある。

言い換えると、「支払い」という形式は、「言表」という形式に比べると、遥かに単純な構造しか内包しないということである。価値尺度としての貨幣は現実世界の複雑性を一元的価値へ縮約・還元して表現することができる。そして、支払いという形式が、「象徴的一般化」として機能することで、市場における分業や分知、知識の発見や革新を促進し、多種多様で大量な商品の販売を可能にする。

しかし、それと同時に、貨幣がすべてを一元的な価格で表現することで地域、組織、集団個人が持つ文化・価値・規範における固有性や質的多様性が失われるという「悪魔的一般化」が生じてしまうことにもなる。特に、貨幣が価値増殖を唯一の目的として利用される資本として立ち現れ、近年のグローバリゼーションの中で、投資や投機が広く行われるだけでなく、機会費用や人的資本といった思考様式が蔓延する時には、この問題は深刻化してくるだろう。

このことが意味しているのは、人々の意識が次第に資本家に近づいていくということである。女性や母親が家事や育児を家族の外で稼ぐことのできる賃金所得という機会を失うことであるとますます認識するようになり、人々は各種の資格だけでなく、高等教育・学習をも将来の収益を増大するための人的資本への投資であると、徐々に考える傾向にある。価値や意識におけるそうした変化は家族・学校・大学といったコミュニティを完全に市場へと分解してしまうところまで加速化しつつある。わたしたちは統合型コミュニケーション・メディアとしてのコミュニティ通貨がこうした問題にいかなる解答を与えるのかを後で見ることにしよう。

言葉と貨幣の困難さはどこにあるか

コミュニケーション・メディアとしての貨幣と言語についてもう少し詳しくみてみよう。

わたしたちが使う言葉は、深い理解や共感を生み出す一方、時に無用の誤解や亀裂を生む。だが、言語なきコミュニケーションは不可能である。貨幣もまた人間が経済を営むために必要不可欠な、しかし功罪両面を持つコミュニケーション・メディアである。

わたしたちはコミュニケーション・メディアとしての言語と貨幣を見る場合、言葉によるコミュニケーションを言葉を媒介にしてメッセージの意味が伝達されると考えたり、同じく、貨幣によるコミュニケーションでも、貨幣を媒介にして商品の価値が転送されると考えがちである。しかし、この見方は正しくない。なぜなら、ここでは、言葉も貨幣も、それを媒介としない純粋なコミュニケーションや物々交換が理想的状態としてはありうると想定したうえで、それを達成することができないという困難を回避する手段として理解されているからである。

しかし、メッセージの意味は言葉なしにはそもそも存在しないし、また、商品の価値（価格）も貨幣なしには存在しえない。メッセージも商品もそれ自身として独立には存在できないのである。逆に言えば、言葉は、ただちに読まれ聞かれなくとも文字や声として記録・保管されうるし、また貨幣もそれで直ちに商品を買わなくとも保管・蓄積されうる。

つまり、言語的コミュニケーションにおける「執筆・発話（表現）」と「読解・聴取（理解）」は、それぞれ独立の過程として時間的・場所的に分離されるし、同様に、貨幣交換における「売り」と「買い」も独立の過程として時間的・場所的に分離される。つまり、言語や貨幣は共に自存的なストックとして保管・蓄積されうる性質を持っているので、それらは言語的コミュニケーションを「表現」と「理解」、貨幣交換を「売り」と「買い」という、それぞれ二つの独立の過程へと切り離すのである。

そして、この切り離しによるストックの蓄積が緩衝（バッファ）となることで、個々の過程を相対的に独立のものとし、個人が自らの情報と判断に基づいて自律的・局所的に判断し行為することを可能にしているのである（第三章参照）。そして、それは同時にシステム全体を極めてフレキシブルかつ頑強で創発的なものにする。

つまり、わたしたちは、言語的コミュニケーションや貨幣交換に予め純粋な双方向のコミュニケーションや物々交換を想定してはならず、「表現」と「理解」、「売り」と「買い」をそれぞれ独立した過程と考えなければならない。

言語と貨幣の違い

では、両者の違いはどこにあるのであろうか。言語的コミュニケーションの場合、「理解」という二番目の過程に、そして貨幣交換の場合は商品の「売り」という最初の過程に実現の困難さが特に集約して現れる。この実現の困難さがズレて現れるというところにこそ両者の違いがあるといってよい。むろん「表現」あるいは「買い」に困難がないわけではないが、先述したように、言語が数字により一元化されている貨幣に比べてより複雑な構造を持っており、また相手に一定の背景知識と理解力を要求するがゆえに、他者による「理解」により大きな困難が生じるのである。

他方、貨幣には、それで商品を買わずにストックとして蓄積するためのインセンティブが「利子」として与えられているため、「売り」に困難が集約されてしまう。コミュニケーションをいかに活性化するかを考えるためには、コミュニケーションの困難をもたらすこうした要因を考えなければならない。たとえば、貨幣に対する「利子」が取り除かれれば、「売り」の困難は（したがって同時に「買い」の困難も）著しく軽減される可能性もある。

近年、若者の言語的コミュニケーション能力が著しく低下しているといわれる。その原因が仮に若者の言語的な表現力と理解力、背景知識の全般的衰弱にあったとしても、ではなぜそのようなことが起きるのかをさらに問わねばならないだろう。この点について、次のように考えることもできるのではないだろうか。

すなわち、第一章で述べたグローバリゼーションによる市場の「外延的拡大」と「内包的深化」の結果として、貨幣交換という量化可能なコミュニケーションがあまりに肥大化しすぎたために、若者は「買い」の容易さに慣れてしまい、それと類似的な位置にある言語的コミュニケーションの「理解」の容易さを求めてしまうのではないか、あるいは、貨幣交換における「メニュー」の選択にのみ適応した結果、言語自体が貨幣のように単純な記号と化し、他者を相手とする言語的コミュニケーションの複雑さに堪えられないからではないか、と。

もしそうならば、言語的コミュニケーションの貧困化の一因は、貨幣交換の一元的な肥大化に求めなければならないし、この問題を解決するには、言語的コミュニケーションそのものだけではなく、貨幣的コミュニケーションのあり方をこそ変えなければならないということにもなろう。

コミュニティ通貨の歴史

コミュニケーション・メディアとして貨幣の特性について、ルーマンのコミュニーション・システム論を参照しながら、考察を試みた。こうして、わたしたちは、ようやく長い迂回路をへて、コミュニティ通貨（地域通貨）について説明することができる地点にたどり着いたと言える。

コミュニティ通貨の歴史は古い。その相互扶助的な性格は、日本の農村で田植えや刈り入れなどの多忙期に助け合うための「結」や庶民が掛金を積み立て相互に融通するための「講」（無尽講や頼母子講）にも見られるものだ。しかし、近代的なコミュニティ通貨の源流は、ロバート・オーウェンの「労働交換券」に求めるべきであろう。コミュニティ通貨は、産業革命をへて成立した資本主義経済とほぼ同時に現れたのである。

オーウェンは、スコットランドのニューラナークにある綿糸紡績工場経営に協同主義的な経営理念、合理的な労務管理、若年労働者の教育、工場内売店で使用できるクーポンを導入して大きな成功をおさめたが、アメリカ・インディアナ州のニューハーモニーに協同村を建設する試みでは失敗した。帰国したオーウェンは、一八三二年九月、ロンドンに「全国公正労働交換所」を設立し、「労働交換券」による実験を行った。「労働交換券」とは、生産物の生産に要した労働時間を記した証書である。労働者は「労働交換所」で自分の生産物と引き換えに「労働交換券」を受け取り、それにより同じ価値の他の生産物を購入することができる。この実験は、労働時間に基づく生産物の公正な交換をめざすものであったが、各生産物の労働時間算定における不平等や商人の介在といった原因により行き詰まった。だが、労働時間を基準とする公正な交換という考えは、現代のコミュニティ通貨の一部に継承されている。

国民通貨を補完する貨幣は、大恐慌後の不況期に世界各地に発生した。一九三〇年代前半にオーストリア、スイス、アメリカの多くのコミュニティで地域内交易を活性化するためにコミュニティ通貨が導入された。

これらはいずれも、ケインズが『一般理論』で注目したシルビオ・ゲゼルが一九世紀末に提唱した「スタンプ貨幣」の考え方に依拠している。ゲゼルは、ドイツ出身の事業家としてアルゼンチンで成功し、その後、自由貨幣論に関する著作を数多く発表した人物である。「スタンプ貨幣」とは、一月ごとに一定額を支払って日付スタンプを押してもらわなければ使えない貨幣であり、その価値は時間の経過とともに次第に減っていく。このようなマイナスの貨幣利子は、貨幣の退蔵を抑制し、貨幣流通を促進することをねらいとしていた。

オーストリアのヴェルグル自治体は、雇用対策として公共事業の支払いのために、月一パーセントずつ減価するスタンプ貨幣を発行した。これにより、失業率は低下し商店街は活性化したが、オーストリア国立銀行がこれを停止するための法的対抗措置をとったため、この試みは頓挫してしまった。

ＷＩＲは、一九三四年にスイス・チューリッヒの中小企業者や商店主がゲゼルの自由貨幣論に基づいて結成した協同組合型の交換リングであり、多くの労働者も参加した。一九三六年には信用創造を行いうる銀行組織ＷＩＲ銀行も設立され、こうして、ＷＩＲは分散的発行方式と集中発行方式の両側面を持つことになった。一ＷＩＲは一スイスフランに相当すると定められており、現在では製造業からホテル、レストランまで企業や商店など七万六〇〇〇社（全企業数の一七パーセント）が参加しており、企業間取引もＷＩＲで決済している。従業員への給料や外国取引はスイスフランで行わなければならないため、また、連邦政府や自治体が税収の低下を恐れたため、ＷＩＲとスイスフランの混合による価格づけが前提とされている。商品価格は「一〇〇スイスフラン、ただしＷＩＲ五〇パーセント」のように記されている。

また、一九三〇年代のはじめには、アメリカのシカゴなど各地域のコミュニティや商工会議所も「連合取引ドル」という地域紙幣を発行し、その流通速度は一時は国民通貨の三倍にも達したが、ニューディール政策の実施により徐々に衰退し、戦時の物資不足により一九四三年に廃止された。アメリカのコミュニティ通貨の伝統は、タイムドルやイサカアワーズあるいは企業間バーター取引に引き継がれている。

現在最も普及しているコミュニティ通貨は、地域経済取引制度、ＬＥＴＳ（Local Exchange Trading System）である。それは、不況期の一九八三年にカナダで生まれ、イギリス、フランス、オランダ、ドイツ、アメリカ、オーストラリア、ニュージーランドなどの欧米諸国で急速に普及した。また、タイ、メキシコ、南アフリカ、セネガルなど発展途上国でも実験が開始されており、その現在の総数は二〇〇〇以上ともいわれている。

なお、発展途上国におけるコミュニティ通貨制度として最大規模のものは、一〇〇万人以上が参加したアルゼンチンのグローバル交換リングネットワーク（ＲＧＴ）だが、現在はその規模を縮小している。

このようにコミュニティ通貨は、経済的不況期に世界各地で雨後の筍のように自然に発生してきた。いずれも、利子を否定する互酬的な交換システムを築き、失業する人々が働く機会を作り出し、地域経済内の財やサービスの取引を活発にすることを目標とする制度である。だが、それは、全般的な制度設計や上からの経済計画とは異なり、少数の人々の日常的な実践から出発し、参加者の輪が次第に成長していく中で、ボランタリーに自己組織されたものである。各コミュニティ通貨はそれぞれ固有な名称を持つとともに、地域の特性に応じた工夫や改良が少しずつ施されているため決して画一的ではない。こうした各コミュニティ通貨の固有性と多様性は決して消えることなく、現在でも存在している。

統合型コミュニケーション・メディアとしてのコミュニティ通貨

コミュニティ通貨は、市場（私的領域）や国家（公的領域）と並ぶコミュニティ（共的領域）において重要な役割を果たすと考えられる経済・文化的媒体である。

ここで、言語と貨幣というコミュニケーション・メディアという観点から、コミュニティ通貨をいかに見ることができるかを考えよう。まず、コミュニティ通貨の以下のような独自な特性に注目しなければならない。

コミュニティ通貨は、前後に二つの顔を持つ古代ローマの神「ヤヌス」のように、「貨幣的」と「言語的」という二つの側面を必ず兼ね備えている。コミュニティ通貨はこの二要因の統合体なのだが、「通貨」や「貨幣」という言葉はどうしても経済的意味を強く持ってしまう。しかし、コミ

「統合型コミニュケーション・メディア」		
側面	経済メディア（貨幣的側面）	社会・文化メディア（言語的側面）
目的	地域経済の活性化（自律・循環、地産地消とリサイクル）	コミュニティの活性化（対話・交流・連帯・参加）
機能	自主発行・運営管理 域内限定流通 無（負）利子	信頼協力の醸成 協同的生費者 言語的表現・伝達
形態	補完・緊急通貨 （スタンプ貨幣、LETS）	相互扶助クーポン （タイムドル、エコマネー）
領域	市場	コミュニティ

図5-1　コミュニティ通貨＝「統合型コミュニケーション・メディア」の二面的特性

ユニティ通貨が経済領域だけでなく社会・文化領域にまたがることを明確にするため、貨幣的な「経済メディア」と言語的な「社会・文化メディア」の二面性を併せ持つという意味で、コミュニティ通貨を「統合型コミュニケーション・メディア」と呼ぶことにしよう。

図5－1には、統合型コミュニケーション・メディアとしてのコミュニティ通貨の二面的特性が整理されている。まず、図の左の列に書かれている「経済メディア」を見てみよう。ここで、貨幣的側面というのは、異質で多様な財やサービスをある一つの尺度、たとえば「グリーン円」というコミュニティ通貨に還元し、それらを「グリーン円」の大きさで一元的に表現・評価するということを意味している。わたしたちは、一方で生産者や売り手として財やサービスに値段を付けて買い手が現れるのを待ち、他方で消費者や買い手として値段を見て高くないと評価すれば、財やサービスを買う。このような個々の売り買いという取引のネットワークが「市場」を作っている。コミュニティ通貨も、それでモノやサービスに値段を付ける以上、こうした一元的な表現・評価を伴う。したがって、経済メディアとしては、コミュニティ通貨も、現行の資本主義的な市場経済とは異なる、別の種類の市場領域を構成するのである。

コミュニティ通貨はコミュニティを作るが、市場を作らないとしばしば考えられているが、これは正しくない。コミュニティ通貨は互酬性を伴った交換、すなわち「互酬的交換」をめざすという点で貨幣的側面を持っている。もう一つの言語的側面をも考慮に入れるならば、コミュニティ通貨は競争的（コンペティティブ：competitive）であるだけでなく協力的（コーペラティブ：cooperative）な市場、すなわち「協争的」（コーペティティブ：coopetitive）なローカル市場を形成するのである。このことを理解するためには、参加者が利己的・合理的で、そこでの相互関係は完全競争的という新古典派の市場像を広げ、市場は利他的・超合理的な参加者や協力的・協同的な関係をも含みうると考える必要がある。

次に、図の右の列に書かれているコミュニティ通貨の「社会・文化メディア」としての側面に注目しよう。これは「言語的側面」とも言える。あらゆる人間同士のかかわりは言語や数を補完的に利用するが、貨幣は一元的な数量として表現・評価する「一元的メディア」であるという点で、言語のような「多元的メディア」と異なる。コミュニティ通貨は、通常の貨幣に比べて、それを発行し運営する主体、および、それが流通する地域コミュニティに固有な社会的価値・規範・文化の多様性を表現・伝達することができる。

「経済メディア」における目的

コミュニティ通貨は、「経済メディア」と「社会・文化メディア」の二側面に応じたそれぞれの目的を持っている。

コミュニティ通貨の「経済メディア」に対応する目的が「地域経済の活性化」である。地域経済における不況や失業の原因の一つとして挙げられるのは、お金が地域の外へ流れ出てしまい、地域を循環するお金が不足するという問題である。たとえデフレーションは日本全体で起きるにしても、倒産率や失業率として現れるその深刻度には、域際収支や産業構造に依存して地域ごとに格差が生じる。総じて、大都市圏に比べて地方はより厳しい状況にある。さらに、どの地方の町村も過疎化と少子高齢化に加えて、商店街の衰退といった問題に悩まされている。若者は就職機会が多い都会へ出てしまう。また、地域住民は地域の商店街で買い物をせず、自動車で隣町の大型店舗まで出かけるか、地域内のコンビニに向かう。その結果、購買力の域外流出が進行し、先ほどの問題は悪化の一途をたどる。商店街が解体すれば、防犯、相互扶助、育児、文化的行事など、商店街が果たしてきた目に見えないコミュニティ機能が失われる。その結果、自動車で域外へ買い物に出かけられない高齢者だけでなく、地域住民全体の生活環境は悪化し、地域経済の衰退は加速化する。

こうした状況で、もし人々が外へ流出しないお金を自分たちの手で作って、それを地域のなかでグルグルと回すことができれば、域内経済が賦活され、相対的な自立化を果たし、その結果として「地産地消」に基づく循環型経済の形成が促進される。これが地域の経済活性化を目的としてコミュニティ通貨を実施する際の基本的な目的である。

「社会・文化メディア」における目的

これに対して、もう一つの目的は、「コミュニティの活性化」あるいは「交流・コミュニケーションの活性化」である。これは社会・文化メディアとしてのコミュニティ通貨の「言語的側面」に対応する。現代では、臓器、生殖細胞、炭素排出権、遺伝子情報すらお金で買えるようになり、（表と裏を含め）市場の範囲はますます広がっている。市場経済が世界を覆い尽くし、規制緩和や自由化が推進され、市場原理主義は勢いを増している。このように市場が質量ともに拡大するグローバリゼーションの中で、人間関係が経済的な売買関係や法律的な契約関係にのみ還元される傾向がある。しかし、それでは相互扶助や利他的行為により成り立っていたコミュニティは崩れてしまう。

また、人々の間のコミュニケーションもケータイやネットに依存した、非対面・匿名型の「顔の見えない」ものになり、希薄化する傾向が見られる。もし人が完全に利己的、孤立的になってしまえば、助け合いやボランティアも行われなくなるかもしれない。そこで、こうした市場主義、個人主義の流れの中で互助的、互酬的な関係を再構築するため、あるいは、人と人のコミュニケーションを「顔の見える」ものにして活発にするための一手段としてコミュニティ通貨が使われるようになってきたのである。

日本ではいま述べた二つの目的のうち「コミュニティの活性化」を担うべきだと考えられる傾向が強かったが、最近では、その流通が滞ってしまい、うまく使われないということが問題とされていた。そこで、商店街でも使える商品券を一度使ってすぐに換金するのではなく、複数回流通させることにより、通貨としての機能を付与し、コミュニティ通貨として転回しようという動きがここ数年活発化している。コミュニティ通貨は、元々以上の二つの側面を同時に併せ持つものであり、そうであるからこそユニークなメディアだと考えられる。

「経済メディア」における機能

次に、コミュニティ通貨の「経済メディア」と「社会・文化メディア」におけるそれぞれの機能を見てみよう。「経済メディア」における機能は、以下の三つである。

（一）自主的な発行・運営管理。人々が自分たちの手で作るコミュニティ通貨は、自分が生活する地域や社会の根本にあるお金を自分たちの共有物として自分たちでコントロールすることが可能であることを自覚させる。いわば「人々の、人々による、人々のための」民主主義的貨幣である。任意の団体が自主的に発行し、自主的な運営管理を行うことができるので、人々が自らコミュニティ通貨を作り出し、一定の範囲内で取引を行うことができれば、それは、貨幣発行権を自由権ないし社会権として部分的にとり戻すことにほかならない。これは、コミュニティ通貨が持つ自由主義的かつ民主主義的な特性である。

（二）域内限定流通。一定の地域でしか流通しないコミュニティ通貨は、地域の外へと流出せずにその内部だけで流通することで、地域経済を振興し、外部の不安定な金融市場から地域経済を防御し、エコロジカルな循環型経済を築くことを可能にする。いわば地域から持ち出せず、地域をぐるぐる回り、地域を守り、自立させる地域限定型貨幣である。消費者が地域の大型スーパーやコンビニで買い物をすれば、そこで支払われたお金は地域外にある本社へ集約される。また、投資資金はより利益が得られるそういった場所へ、たとえば、不動産が急激に値上がりしている大都市圏へ流れて行く。こういう貨幣の漏出は、特にデフレーションの時代には、地域に対して非常に大きな負の影響をもたらす。コミュニティ通貨はある一定の地域の内部でのみ流通する、つまりその地域の外部へ出ていかないので、地域内のモノやサービスの取引をより活発にし、貨幣の退蔵による有効需要の不足を解消する。これはいわば地域主義の側面である。

（三）無利子あるいは負の利子。利子の付かないコミュニティ通貨は、信用創造を伴わず、利殖や蓄財のために利用されない交換手段として、バブルを生まず、無駄な公共投資を行わずに消費を刺激することができる。いわば貯め込まれず、使われ、経済を活性化する、反増殖型貨幣である。つまり、紙幣型、口座型、手形型などいずれのコミュニティ通貨も、市民ないし市民団体による自由発行と運営コストの共有、比較的小規模な流通圏と国家通貨への換金不可、無利子または減価という特性を持っている。普通のお金ならば、借りたら必ず利子を付けて返済する義務がある。銀行や消費者金融などの金融機関から借りればそうである。借金に利子が付く・付かないということは、宗教的共同体も含め、貸し手と借り手の間の社会的距離を表すバロメーターにほかならない。近親縁者や友人・隣人の間で、お金を貸すときに利子を求めないのは、それが信頼と愛情の証であるからである。日本に古くから見られる庶民の互助的金融組織である経済的講もほとんど利子が付かない。コミュニティ通貨では無利子は信頼に基づく相互扶助や連帯を促進するものであると考えられている。「負の利子」は貨幣保有コストを意味するデマレージ（滞船料）に相当し、腐朽する一般の商品と同じように、貨幣も時間とともに減価することでその特権的地位を解消し、その流通を促すという、シルビオ・ゲゼルの「スタンプ貨幣」の発想に基づく。このように、無利子、負の利子、あるいはゼロサム原理は、コミュニティ通貨の非資本主義的性質を表す。

コミュニティ通貨は貨幣か

これら三つはコミュニティ通貨の「経済メディア」に依拠した考え方である。こうしたコミュニティ通貨の基本的特徴はいまや常識となった。だが問題はその先にある。

まず、コミュニティ通貨ははたして「貨幣」と言えるのかどうか。日本では、コミュニティ通貨は「エコマネー」という名でかなり広範に普及した。これは、相互扶助やボランティアなど市場で取り引きされない人的サービスのやりとりにその使用が限定されているコミュニティ通貨である。一般のモノやサービスが取り引きされるフォーマルな市場領域と、通常の法定通貨では買えないサービスをやりとりする「エコマネー」が流通するインフォーマルな非市場領域を明確に区分しなければ、ビジネス（仕事）とボランティア（奉仕）の境界が曖昧になり、ボランティアがビジネスを浸食してしまうとか、あるいは「純粋な」ボランティアが成立しなくなると考えられているからである。さらに、コミュニティ通貨で得た収入への課税問題を避けるためもあろう。たとえば、誰かが車での送迎サービスを提供すれば、タクシー会社の仕事を奪うことにもなりかねず、それで得たコミュニティ通貨が課税所得とみなされる恐れもある。だから、予め車での送迎サービスは提供できないようにするわけである。「エコマネー」はその名にもかかわらず、自らを「マネー」ではなく、非市場的取引の媒体にすぎないと主張しているのである。

しかし、国家通貨とコミュニティ通貨の使用領域をそれぞれ市場と非市場（コミュニティ）とみるこうした試みは、結局、現在のグローバリゼーションという流れをそのまま容認し、単にその中で失われた人と人との温かいつながり、共同体的な相互扶助やボランティア精神の復興のみを目的とすることになるだろう。そして、それは市場の企業活動でも国の社会保障・福祉政策でも提供できない隙間的サービス（たとえば、介護保険でカバーされないような）を埋めることに利用されかねない。そもそも、コミュニティ通貨の目的を相互扶助的な人間関係の回復にのみ限定することは、「村型」の人間関係が「都市型」のそれより望ましいという価値観を前提としている。

なるほど、市場の自由化・規制緩和、資本のグローバル化は、コミュナルな社会関係を破壊し、人と人とをバラバラな個へと還元する傾向がある。しかし、都市化しグローバル化した市場経済社会は、人々に個人の自由と自立、利便性を与えてもいるのだから、他人との関係が薄くなったからといって、人が所属を強制されるような閉鎖的な共同体へと先祖返りすることもできない。都市化・個人主義化は、いまや大都市だけではなく、小都市や町・村など日本中の至るところでみられる現象なのである。

コミュニティ通貨の経済的効果を導入するには、それがある種の「貨幣」であると認めることから出発する必要がある。コミュニティ通貨は、市場で取り引きされるモノやサービスに対する支払い代金の一部として円と混合して使用されるならば、大型店舗との競争にあえぐ地元商店街へ客を呼び戻し、地産地消を促進し、ひいては地場産業を振興し、失業を減らすことができるはずである。実際のコミュニティ通貨の流れは、そのような方向にある。すでに述べたように、商品券型コミュニティ通貨は償還性（換金性）を持つことにより、国家通貨に近い性質を持ちつつ、それとは違う特性を担わされている。

こうして、コミュニティ通貨はグローバル資本主義市場の暴力から地域経済を守るためのセーフティネットとして機能する。コミュニティ通貨の使用によって、地域経済を自律的で循環型のものにし、それをグローバル市場の不安定要因から防衛するという戦略は確かに有効ではある。先述したオーストリアのヴェルグルなど、一九三〇年代の不況期には、スタンプ貨幣の導入が町や村レベルの経済復興に大いに成功した事例もあった。しかし、これは「地域」を狭く理解する、いわば「守り」の発想だとも言える。なぜならば、コミュニティ通貨＝セーフティネット論には、コミュニティ通貨をグローバル資本主義が生み出している地域間・階層間の不公正な所得格差、投機的な資本移動に左右される不安定性などを是正するために応用しようという指向性が欠けているからだ。それは、過酷な競争から脱落した弱者を地域内部で救済し、互いに身を寄せあって生き延びるためにコミュニティ通貨を利用しようという、グローバリゼーションに対する受動的な対応である。しかも、ここにおける「コミュニティ」は、閉鎖的、埋没的な共同体のイメージに近い。コミュニティ通貨の現代的意義は、それが、個人の自由と自律をあくまでも保持するような新しいコミュニティのあり方を開いてくれることにあるのである。

「社会・文化メディア」における機能

次に、コミュニティ通貨の「社会・文化メディア」における機能を見てみよう。この側面に着目するとき、コミュニティ通貨は経済危機を乗り越え、不況を脱出するためのツールであるという見方だけではあまりに狭すぎることがわかる。

（一）信頼と協同。コミュニティ通貨は信頼や協同に基づいて流通する。コミュニティ通貨を使うことで、人々は交流を深め、相互扶助の輪を広げていく。そうすることで、参加者間の信頼も形成される。これは、コミュニティ通貨のコミュニティ関係形成の側面である。

(二) 協同的生費者。「生費者」とは生産者と消費者をくっつけた言葉で、未来学者アルビン・トフラーが作った「プロシューマー」(「プロデューサー」と「コンシューマー」の合成語)の訳語である。「協同的生費者」という表現には、生産者であると同時に消費者でもある市民が、お互いに持てる資源を有効活用しながら相互協力関係を保つということが含意されている。それはコミュニティ通貨の参加者ができるだけ同じ平面に立つという理想を表している。

(三) 言語的表現・伝達。各地域は固有な文化的な特徴や個性を持っているが、それは日銀券のようなお金では表現できない質的な多様性として現れる。そうした各地域の個性を表現し伝達するためのメディアとしてコミュニティ通貨は利用される。コミュニティ通貨のネーミングにはユニークなものが多い。地域の地理や地名を表すもの(北九州市折尾地区「オリオン」、北海道栗山町「クリン」など)、地域の特産品や特徴を表すもの(千葉の落花生から「ピーナッツ」、水俣のもやい直しから「もやい通貨」など)だけではなく、物理的地域ではないヴァーチャル・コミュニティの理念や思想を象徴的に表すもの(市民共同発電から「ワット」、地球環境アースデイから「アースデイマネー」など)まで様々である。このように、コミュニティ通貨はコミュニティや地域におけるローカルな文化・関心・価値に関する社会・文化メディアとして機能している。

コミュニティ通貨の意義と可能性

コミュニティ通貨は常に貨幣的な経済メディアと言語的な社会・文化メディアの二側面を持っているので、どちらか一方だけからはそのユニークな性質は見えない。ただ、二側面のうち相対的にどちらか一方が強いのが普通だから、コミュニティ通貨は様々な形態をとることになる。こうして、コミュニティ通貨が貨幣と言語を統合する新しい「種」として進化する過程で、さらに多様な「亜種」が派生してきたわけである。導入目的や地域の個性が多様であれば、コミュニティ通貨もそれに応じて多様になる。それだけではない。参加者の動機やふるまいと、参加者が構成するコミュニティが示すパフォーマンスやパターンはお互いに影響を与え合っており、それらは時間とともに変化していく。このように、コミュニティ通貨のメディア特性を通じて、ミクロ的主体とマクロ的環境は相互に作用しながら、内生的に変化する。このような進化過程ではどのような形態のコミュニティ通貨が最適か、最も効率的かを問うことには意味がない。なぜならば、進化の過程では、評価や判断の基準そのものが変化し、いわばゲームのルールも変化してしまうからである。

コミュニティ通貨がめざすのは、現行貨幣が有する汎用性（流通領域・期間、取引対象、参加者の普遍性）を意図的に制限することで、資本としての貨幣の負の機能（ルーマンの「悪魔的一般化」）を抑制し、社会の安定性と持続可能性を回復することにある。現行通貨に比べ圧倒的に弱いコミュニティ通貨が進化的に存続できれば、徐々に主体の行動規範である価値・倫理や思考習慣に対して漸次的な影響を与えうる。コミュニティ通貨とは、比喩的に言えば、西洋医学のように投薬などの即効性を期待する対症療法ではなく、東洋医学の鍼治療のように体質改善をめざす遅効性の治療方法である。言い換えると、人体の免疫系・神経系などに鍼のような微細な異物を差し挟むことによって、領域境界における秩序とカオスの位相に微妙な変化を与え、その結果として、各細胞を賦活しシステム全体を活性化することをめざすものである。

コミュニティ通貨は、グローバリゼーションが進行した一九九〇年代に世界各地で急成長を遂げ、日本でも二〇〇〇年代はじめより普及した。今後、コミュニティ通貨の成長期に入るにつれ、その数と種類も増え、ネットワーク化が進むと同時に、一定の淘汰も起こると考えられる。また、コミュニティ通貨の電子マネー化、それに伴うコミュニティのヴァーチャル化や広域化、個人の複数コミュニティ通貨への多元的帰属とそれに基づく使い分けが実現するであろう。

ここでは、わたしがグローバリゼーションのカウンターメディアと考えるコミュニティ通貨の基本的仕組みとその歴史や海外における実践例を紹介し、今後のありうべき制度設計の具体像をとりあえず提示しておきたい。そのうえで、コミュニティ通貨の可能性と意義を論じていきたい。

コミュニティ通貨の仕組みやシステムの細部は必ずしも同じではない。たとえば、コミュニティ通貨には、管理者や委員会が独自の紙幣を発行する「集中型発行方式」あるいは「紙幣型」と、管理者が、売り手と買い手の双方の口座に黒字と赤字を記帳する（買い手が自発的に貨幣を発行する）「分散型発行方式（相互信用方式）」あるいは「口座型」がある。さらに、発行者が振り出した小切手ないし手形が参加者間を転々流通して、発行者の手元へ戻ってきて、最終的に償還される「転々流通方式」あるいは「手形型」もある。また、通貨価値を労働時間にリンクするもの、国民通貨にリンクするもの、両者にリンクするもの（イサカアワーズ）などに分類しうる。コミュニティ通貨は、設立された時代や場所に応じて、また、その目的や理念に応じて少しずつ異なっているのである。

こうした多様性に、コミュニティ通貨の意義と可能性があることは間違いない。しかし、ここでは、コミュニティ通貨の実際の運用や仕組みとともにその理論的な意義を理解してもらうために、LETSというコミュニティ通貨をとりあげる。

LETSというオルタナティブ

一九八三年二月にカナダ・バンクーバー島の人口六万人の町コモックス・バレーで、マイケル・リントンを中心とする六人のメンバーがLETSをスタートした。

LETSとは、各地域に固有の貨幣を使って、参加者が財やサービスを自発的に取引し合うネットワークである。リントンらは通貨単位を「グリーンドル」と名付けた。LETSを始めるためには、まず「登記人」と「受託人」を決めなければならない。登記人は、参加者の口座を開設・管理し、取引を記録し、取引明細書を毎月参加者に発送する。受託人は、取引手数料を定め、システムを監視し、反社会的な行為を取り締まるとともに、他のLETSとの情報交換やシステム開発に従事する。参加者は、(一)自分名義の口座を開設してゼロ勘定から出発する、(二)自分が提供できるモノやサービス/欲しいモノやサービスを、提供します/希望しますという目録(リスト)に載せてもらう、(三)必要なモノを見つけたら相手と連絡を取り、価格などの条件を交渉する、(四)取引が成立すれば、登記人に連絡(電話やファックスで)し、自分(買い手)の勘定にその金額の赤字(マイナス)を、相手(売り手)の勘定にその金額の黒字(プラス)を付けてもらう。

参加者は、取引の際に登記人から他の参加者の口座残高や取引実績について聞くことができる。口座残高に対して利子は課されないし、支払われない。最後に、事務費用は、サービスへの対価として参加者の口座から内部貨幣により支払われる。このように仕組みはいたってシンプルである。

リントンが始めたオリジナル・システムでは、コミュニティ通貨であるグリーンドルを現金であるカナダドルに兌換することは認められていないが、両者は同じ通貨価値を持つとされている。これは、モノやサービスの値づけのための参照の役割を果たすためであり、また、たとえば「一〇ドル（ただし二〇パーセントまでグリーンドル可）」というように、モノの価格を現金とグリーンドルを混合して表示できるようにするためである。バンクーバー島にはすでにＩＣカードを利用するＬＥＴＳも存在している。

実際の交換は、たとえば次のようになる。

購入者が事務局に電話をかけ、留守番電話に次のようなメッセージを残す。「こちら三五番のデイヴィッド・ヒギンズですが、コンピュータ・レッスンの代金として二二〇番のキャシー・マッキントッシュさんに一〇〇グリーンドルの黒字を記録して下さい」。登記人は、この情報を記録簿に記帳したうえで、コンピュータに入力する。この結果、キャシーには一〇〇グリーンドルの黒字が、デイヴィッドには一〇〇グリーンドルの赤字あるいは「コミットメント」がつく。デイヴィッドは、一〇〇グリーンドルを支出する前に予めそれを口座に持っている必要はない。また、キャシーもコンピュータ・レッスンをすることで今後も収入が得られることに自信を持っているなら、リストで見た一〇〇〇グリーンドルの中古のフォルクスワーゲンのバンをマイクから買うこともできる。その結果、キャシーの口座には九〇〇グリーンドルの赤字がつく。さらに、マイクがデイヴィッドから自宅の屋根の修理を三〇〇グリーンドルでやってもらうとすると、これら三つの取引の結果、マイクの口座残高は七〇〇グリーンドルの黒字、デイヴィッドの口座残高は二〇〇グリーンドルの黒字になる。各参加者の口座の黒字や赤字は一回一回の取引により常に変化するが、全員の口座の黒字と赤字の合計は常にゼロになっている。このためLETSでは信用創造が発生しない。参加者相互が赤字（コミットメント）を与えあうことにより、財やサービスの取引を円滑にしているのである（図5－2）。

銀行での預金や借入には利子がつくので残高は時間が経つにつれて増えるが、LETSでは黒字や赤字に利子はつかない。だから、黒字を持っている人は貯め込まずに、できるだけ他の参加者から財やサービスを買おうとするはずだ。このため、コミュニティ通貨は速やかに地域内を循環し、地域経済内の需要を喚起する。LETSでは、各個人が貨幣を創造するが、そこから発生する黒字・赤字を個人と個人の双対的な権利・義務関係（債権・債務関係）とは考えない。むろん、システムへ参加すればその個人の責任は生じる。しかし、リントンの言葉を借りれば、「それは、コミュニティの人々によるコミュニティの人々への約束」であり、法的な契約に基づく権利・義務関係ではない。

四つの原則

一般の国民通貨は、収入として外部から流入している貨幣も枝分かれし、支流になりながら、最

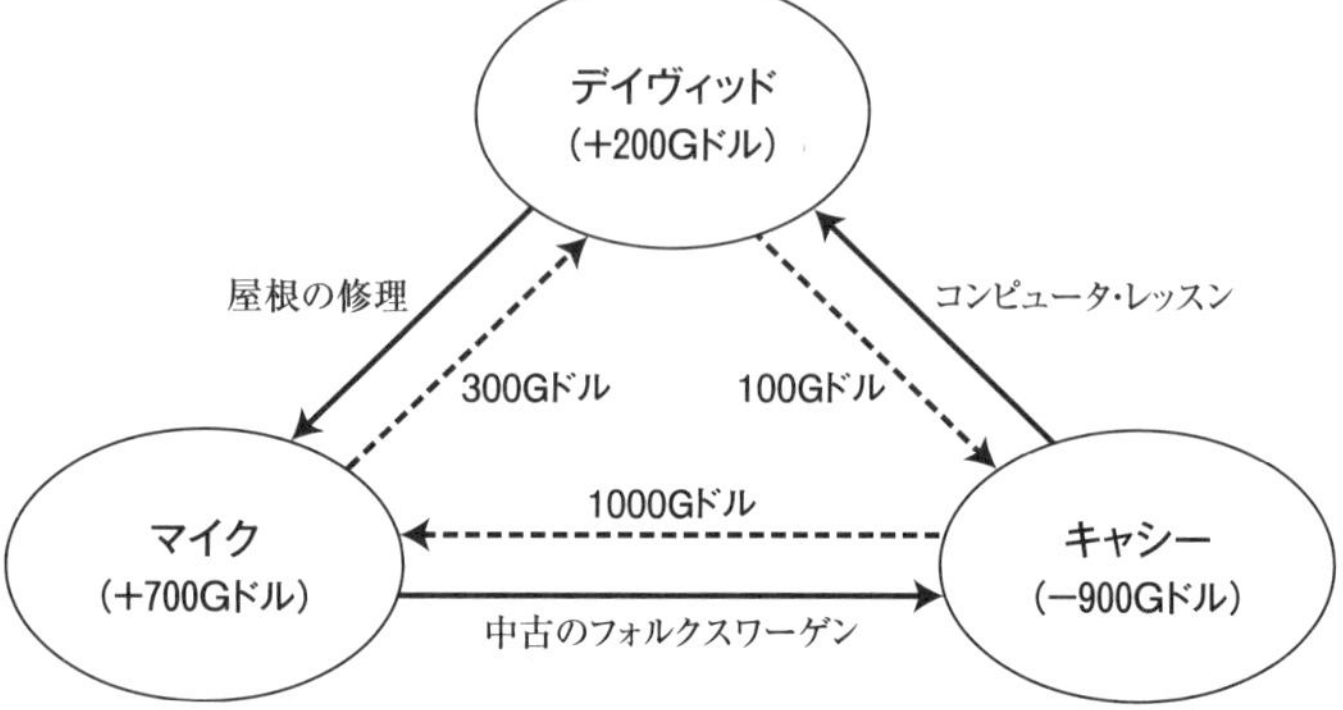

[Gドル=グリーンドル、実線矢印は財・サービスの流れ、点線矢印はグリーンドルの黒字の流れ、カッコ内は全取引後の各参加者の口座残高を表す]

図5-2　LETSによる取引の一例

終的にはそこから外部へ支出として流出してしまう。コミュニティ通貨としてのＬＥＴＳは、通常の貨幣の流出入を補完し、貨幣が地域のコミュニティ内でできるだけ流通するような（可能ならば、政府や他のコミュニティとの間に相互行き来が成立するような）貨幣循環を構築することを基本目的としている。

ＬＥＴＳは、コミュニティにおける自由とそれにより生じる責任に基礎を置くものであり、「同意」、「無利子」、「共有」、「情報公開」という四原則にしたがっている。

「同意」とは、参加や脱退のみならず、あらゆる取引は同意に基づくこと、また、「無利子」とは、口座の正負いずれの残高にも利子がつかないということ、「共有」とは、ＬＥＴＳのサポートサービスを参加者の誰かが非営利のコストベースで行い、そのコストを全参加者が利用状況に応じて共同で負担することを意味する。「情報公開」は、参加者が取引に際して他の参加者の取引や口座残高の情報を参照できることを保証する。

リントンは、この四原則に更に国民通貨と同じ価値をもつ内部貨幣単位を使用するという五番目の原則が加わったLETSを特にLETSystemと呼ぶ。こうした区別が必要になったのは、イギリスなどで標準的労働時間を使用するLETSが創始されたからだ。リントンが始めたプロトタイプはここでいうLETSystemである。

LETSは、相互に矛盾する二面性を備えたシステムであるように見える。なぜなら、それは、市場経済における個人主義や自由主義をよりいっそう徹底させる面を持つとともに、地域やコミュニティにおける隣人や友人間の信頼を希求してもいるからである。自由と協同性という二つの側面は、個人の自由な選択に基づくコミットメントとそこから生じる責任という、いわば個人の倫理的次元で結びつけられている。協同性は決してコミュニティへの専属と同化を強制する「閉じた」性質のものではないし、自由と責任は経済的功利のみを考慮する消費者／投資家としてのそれらのみを意味しない。

個別のLETSが個人主義的色彩が強い都市型になるか、それとも共同体主義的傾向が濃厚な地域コミュニティ型になるかは、言い換えれば、自由な開放性と社会的な協力・信頼の両者のどのような結合が望ましいかは、それが導入される国あるいは地域の社会的・文化的な特性に依存するのである。

LETSが紡ぐ「コミュニティ」

ところで、なぜLETSはコミュニティ通貨の代表であると言えるのか。LETSが世界的に最も普及しているからであろうか。いやそうではない。LETSは、最も高い自由度と汎用性を持っており、他のコミュニティ通貨をもその特殊バージョンとして組み込みうると考えられるからである。

LETSは、通貨の価値を労働時間という絶対的尺度に還元するものではないし、コミュニティ通貨と一般通貨の価値比率一：一を取り除くことも可能であって、そうすれば、外部の市場における価格体系からも独立化することができ、相対取引の当事者がより多元的な価値を考慮して総合的に価格を決定しうるからである。単一の外的尺度に依存しない、価格の内生的で自由な決定は、LETSが経済的価値以外の文化的、社会的、倫理的価値をも包含しうるような大きな自由度をもつシステムであることを意味する。

また、LETSは、オーウェンの労働貨幣のように、何らかの単一の機関（たとえば管理委員会）が紙幣を発行する場合のように、その流通量を外生的に決めるものではなく、参加者の自発的な発行により、分散的かつ内生的に決定されるからである。そして、このように相互信用システムの分散型発行方式により、自己組織的に決定されるマネーストック（LETSにおける全参加者の黒字合計＝赤字合計）は、中央銀行券のような集中型発行方式に比べて、すべての取引を実現するうえで非常に効率的であることもわかっている。LETSはこうした流通効率性という点でも注目すべきなのである（吉池・西部、二〇〇七年）。もちろん、LETSにおける利子はゼロではなく、ゲゼルのスタンプ貨幣のように負にすることも可能であるし、現にそのようなＬＥＴＳも存在している。

ＬＥＴＳの意義

では、ＬＥＴＳの可能性と意義はどこにあるのだろうか。

まず第一に、ＬＥＴＳは限定的な流通圏を持つが、そのコミュニティは、パッシブに存在させられている地縁や血縁による共同体でも、単一の帰属を迫る閉じた共同体でもなく、自分が趣味・関心・理念などに共鳴してポジティブにコミットするトポロジカルな近傍空間である。このようなコミュニティは、インターネットのような情報通信技術の利用によって成立する。コミュニティ通貨の赤字は「コミットメント」と呼ばれるが、それは他の特定の個人に対する「負い目」「負債」ではなく、自らが選択したコミュニティに対する責任を意味する。

また、参加者は複数のＬＥＴＳに参加できるので、自己の固有性を多重帰属性により表現できる。ここでは、コミュニティの意味が、「閉じた共同体」から「開かれたコミュニティ」へと拡張され、また「自由」と「責任」の意味も、市場における消費者や投資家の自由と自己責任から、多重帰属するＬＥＴＳの選択の自由とそれらへの責任へと拡張されている。

一般に「ローカル」とは、大域・広域を表す「グローバル」の反対概念として、局所や近傍を意味する。コミュニティ通貨でいわれる「ローカル」は、具体的には、近所・近隣から小学校区、地元商店街、市町村レベルまでの地理的な領域を指すと考えられている。従来のコミュニティ通貨の多くの試みは、その目的や手法は様々であれ、まさにこういうコミュニティに対応するものであった。
しかし、その中にも環境や介護など一定の課題や関心を共有しているコミュニティは含まれている。この場合、コミュニティとは物理空間だけではなく、意味の位相空間を指すと考えることができよう。つまり、一定のテーマや関心、趣味、価値、理念に集う人々の空間もまたコミュニティである。こうしたコミュニティはむしろサークル、ソサイエティ、あるいはアソシエーションというほうが理解されやすいかもしれない。こうしたコミュニティは、必ずしも地理的な近さに依存せず、価値や関心を共有することができるならば、より広域的なものでありえるからだ。そして、グローバリゼーションの産物とも言えるインターネットなどの情報通信技術の発達は、そうしたヴァーチャルな（事実上の）コミュニティの成立をますます容易にしている。

インターネット上には数限りないミクシィやフェイスブックなどのＳＮＳ（ソーシャル・ネットワーク・サービス）上のコミュニティ、またツイッターのようなマイクロブログにおけるフォロワー・グループなどがあるが、それらはいずれもヴァーチャルなコミュニティである。わたしが環境問題の最新情報を知り、それについて議論をしたいと思ったとき、その相手は世界中どこにいてもよい。このようなコミュニティは、地球上どこからでも参加できるという意味で「グローバル」であると同時に、自治的・関心的なコミュニティを形成するという意味で「ローカル」である。つまり、ヴァーチャルなコミュニティとは、その本質からいって「グローカル」なものである。そして、インターネット上のコミュニティ通貨は、様々なヴァーチャルなコミュニティを可能にするものなのだ。

コミュニティ通貨がグローバリゼーションに対抗するカウンターメディアと言えるのは、グローバリゼーションを単に否定するのでも、衰退しつつあるコミュニティを再建してそこに閉じこもるのでもなく、グローバリゼーションの成果を逆用することによって、「グローカル」でヴァーチャルな「コミュニティ」を新たに創り出す可能性があるからである。コミュニティ通貨がめざすのは、価値や理念に共鳴して自発的に集う人々が互恵的関係を築き、信頼と協同に基づいたより豊かなコミュニケーションを生み出しうるような、新しいコミュニティの創造なのである。

時間観念の変容

ＬＥＴＳの第二の意義は、利子のない貨幣である（負の利子もありうる）ことにより、貨幣の蓄積と資本の自己増殖を阻止し、貨幣の「保有」ではなく「使用」が刺激され、貨幣流通速度は上昇し、買いと売りがともに促進されることである。こうして、地域内の財・サービス循環が活性化される。

また、利子の不在／負性はわたしたちの時間観念そのものを変容させる。無利子なので黒字も赤字も時間を通じて不変である。それゆえ、過去、現在、未来は同じ重みで考えられ、過去世代、現世代、将来世代が同一の時間地平に並ぶことができる。利子がプラスのとき、わたしたちは将来所得を割り引くことで、未来を低く評価している。もし利子がゼロならば現在所得と将来所得は同じように、あるいは利子がマイナスならば現在所得より将来所得はより高く評価されることになるので、森林事業、文化、学問的研究・教育のように、遠い将来に所得あるいは有用性が発生するような長期プロジェクトが促進される。

こうして、参加者は現世代だけでなく、将来世代のことをいっそう考慮に入れざるをえなくなるため、地球環境、文化、教育といった諸問題へも自ずと対処することになるはずである。

第三の意義は、参加者による自発的発行方式をとるＬＥＴＳは、中央銀行の発券・金融政策や金融機関の貸出政策の悪意性に左右されることなく、参加者が自らの購入の必要に応じて貨幣を発行することができることである。もちろん参加者は自分のコミットメントには自己責任をもち、自らを管理しなければならないが、このことがまた買いや売りを活性化させる。現金通貨の場合、自分が必要とする、あるいは欲求する商品を買うためには、その価格以上の現金を事前に所有していなければならない。これは、いわゆるキャッシュ・イン・アドバンス（事前の現金残高）の制約条件である。そのために、経済主体は多くの現金を用意しておく必要がある。これに対して、ＬＥＴＳでは口座におけるマイナス（赤字）が認められているので、こうした制約を免れるのである。現金通貨では中央銀行の過剰発行について、ＬＥＴＳでは参加者の過剰発行（大きな赤字口座の発生）について、モラル・ハザードが起きる可能性がある。しかしながら、ランダムな取引を行うエージェント・シミュレーションの結果によると、ＬＥＴＳは現金通貨の場合より、八〇パーセントほど取引の実現率を上昇することできる（吉池・西部、二〇〇七年）。

第四の意義は、ＬＥＴＳは、市場やインターネットと同じく、自律分散型ネットワークであることである。集権的な管理や全体的調整を考慮せずに、個人の買いと売りという個別過程の集積として全体は自己組織される。取引は相対取引であり、価格づけは基本的に当事者に委ねられている。

したがって、実際の値づけは、過去や近傍の慣習的相場を参照しながらも、経済的価値以外の様々な価値（互酬性や再生産や自然保護など）をも加味することができる。また、市場では通常値づけされないサービスにも対価として支払われうる。従来は、貨幣では売買の対象にならなかったボランティアやシャドウ・ワークを取引対象にし、非営利活動や協同組合を促進する。すなわち、ボランティアとビジネス、利他と利己の対立を止揚する。その意味で、単なる経済的メディアではなく、倫理的、文化的なメディアでもある。

コミュニティ通貨の中には、アメリカのイサカアワーズのように通貨価値を「労働時間」にリンクするものもあるが、それはコミュニティ通貨にとっての必要条件ではない。そのようなコミュニティ通貨はサービスに適用するものとして存在してよいが、すべてが「労働時間」にリンクすることはかえってコミュニティ通貨の多様性を損ねることになろう。つまり、「労働時間」や「労働価値」は参照されてもよいが、それを交換の基準として採用するかどうかは自由である。

信頼貨幣としてのＬＥＴＳ

第五の意義は、ＬＥＴＳは、「コミュニティ」へのコミットメントと参加者間の信頼により成立する「信頼貨幣」であることである。

参加者の帰属と連帯は信頼を基盤として自発的に醸成される。このため参加者は、自己の創造性や独創性を積極的に発揮できるし、自己の尊厳を確認することができる。たとえば、失職して自信を失った人々も、「提供します」というリストに自分が何を掲載しうるかを考えることで自己の可能性を積極的に革新することになる。

そして最後に、ＬＥＴＳにおいては、貨幣の所有や選択の意味そのものが多様化する。どのＬＥＴＳを選ぶか、どのＬＥＴＳをどのような混合で保有するかというポートフォリオは、経済的価値の最大化という観点から決定されることではなくなる。そこには、文化的、思想的、規範的な価値が反映される可能性が広範に開かれる。こうして、ＬＥＴＳは経済メディアであることを越えて社会・文化メディアの性格を受け取ることになる。こうして貨幣交換というコミュニケーションは、言語的コミュニケーションへと近接するのである。

多数多様なコミュニティ通貨が言語的コミュニケーションを補完することで、この両者は全く分離された二つのコミュニケーション形態ではなくなり、むしろハイブリッドなものとして複合化・統合化されるといってもよいかもしれない。

一般貨幣は、人々を自律的な個人にし、自由主義と個人主義の基盤を形成したが、自由の偏奇的な拡大は言語的コミュニケーションの衰退を招いた。一般貨幣はまた、売買における匿名性を可能にし、そうして個人の私秘性の領域をも形成した。しかし、クレジットカードやデビットカードの普及は事実上すでにこうした匿名性の領域を縮小しつつあるのであり、クレジット会社や銀行が個人のプライベート情報を握っているということがかえって個人の私秘性を脅かす可能性も出てきている。

であるならば、むしろ匿名性のかなりの領域を多数多様な公共空間へと開いてしまうことも不可能ではないのではないか。ＬＥＴＳは、全参加者の取引や残高の情報を公開するが、どのような取引をどのＬＥＴＳで行うかは個人の自由に委ねられている。つまり、個人が自らを多様なＬＥＴＳに対してどの範囲で開いていくかは自由に決定することができるのである。

資本主義を超えるオルタナティブ

コミュニティ通貨とは、以上見てきたように、自由主義と個人主義の基盤の上に、むしろ自由の領域を拡大しつつ、多様な理念に基づく協同性・共同性を形成するために見いだされた新たな統合型コミュニケーション・メディアであると言えるだろう。

わたしたちは、商品そのものが一定の文化や価値を運ぶことを知っているし、また、商品取引である「売り」や「買い」もメッセージ性を時に帯びるということも経験してきた。

書籍やＣＤやＤＶＤやコンピュータ・ソフトなどの情報商品の出現、見せびらかしの消費や同一化を希求する消費、広告コピー文化、政治的メッセージをアピールする不買運動（ジョゼ・ボベによるマクドナルドの不買運動など）、生活協同組合など、そうした例は枚挙にいとまがない。さらに近年では、企業の社会的責任（ＣＳＲ）が問われ、社会的投資、社会的企業家が注目を集めるようになってきた。貨幣・金融では、マイクロ・ファイナンスがこれに加わるであろう。しかし、均質で無機質なメディアである「貨幣」そのものが文化や社会的価値を伝達しうるということはいままで想像されなかったのではないか。

コミュニティ通貨は、経済、社会、文化における様々な価値を結びつけ、言語的コミュニケーションと貨幣的コミュニケーションを統合するコミュニケーション・メディアとして発展することになるだろう。コミュニティ通貨は、通貨統合を指向するようなグローバルな貨幣とは全く逆の方向、すなわち文化や価値の多様な進化をめざすことで、グローバリゼーションがもたらす経済的問題のみならず、それが派生的に招いている価値や文化の画一化、言語的コミュニケーションの衰退といった問題をも解決する方向を示しているのである。

それは、貨幣と言語の両義性を備えたメディアであり、資本主義経済を超えるオルタナティブな市場経済の可能性を提示している。

【参考文献】

伊藤誠『逆流する資本主義』東洋経済新報社、一九九〇年
岩井克人『貨幣論』筑摩書房、一九九三年
宇野弘蔵『経済原論　上』岩波書店、一九五〇年
宇野弘蔵『経済学方法論』東京大学出版会、一九六二年
江頭進『F・A・ハイエクの研究』日本経済評論社、一九九九年
エリック・ホブズボーム『二〇世紀の歴史――極端な時代』河合秀和訳、三省堂、一九九六年
尾近裕幸・橋本努編著『オーストリア学派の経済学』日本経済評論社、二〇〇三年
春日淳一『貨幣論のルーマン』勁草書房、二〇〇三年
国民生活審議会総合企画部会「暮らし指数検討委員会報告書」二〇〇二年一二月
サミュエル・ハンチントン『文明の衝突』鈴木主税訳、集英社、一九九八年
ジェリー・マンダー、エドワード・ゴールドスミス編『グローバル経済が世界を破壊する』小南祐一郎・塚本しづ香訳、朝日新聞社、二〇〇〇年
嶋津格『自生的秩序』木鐸社、一九八五年
ジョージ・ソロス『グローバル資本主義の危機』大原進訳、日本経済新聞社、一九九九年
ジョセフ・フーバー、ジェームス・ロバートソン『新しい貨幣の創造』石見尚他訳、日本経済評論社、二〇〇一年
スーザン・ストレンジ『カジノ資本主義』小林襄治訳、岩波書店、一九八八年
高安秀樹・高安美佐子『エコノフィジックス』日本経済新聞社、二〇〇一年
内閣府大臣官房政府広報室「国民生活に関する世論調査」二〇〇二年度

西部忠『市場像の系譜学――「経済計算論争」をめぐるヴィジョン』東洋経済新報社、一九九六年
西部忠「労働力の外部商品化・内部商品化・一般商品化――『市場の内部化』による資本主義の進化」『経済理論学会年報　三四』青木書店、一九九七年
西部忠「資本主義の強さとは何か?――所有権・インセンティヴ・技術革新」『比較経済体制研究　五』比較経済体制研究会、一九九八年
西部忠「地域通貨の意義と可能性――貨幣と言語を統合するコミュニケーション・メディア」『アステイオン』TBSブリタニカ、二〇〇〇年
西部忠「自律分散型市場における貨幣」『経済学研究　第五〇巻第三号』北海道大学、二〇〇〇年
西部忠「グローバリゼーションと地域通貨」『アソシエ』御茶の水書房、二〇〇〇年
西部忠「貨幣像の系譜学」『批評空間　第三期第四号』批評空間社、二〇〇二年
西部忠「地域通貨の『グローカル』な展開」『月刊自治研　四四』自治研中央推進委員会事務局、二〇〇二年
西部忠「都市再生と人間開発」植田和弘・神野直彦・西村幸夫・間宮陽介編『都市経済と産業再生――都市の再生を考える　四』岩波書店、二〇〇四年
西部忠「情報と経済――グローバルとローカルの両視点から」中島尚正、原島博、佐倉統編『総合情報学　改訂版』放送大学教育振興会、二〇〇六年
西部忠「構築主義を批判し続けたハイエク」『理戦　八六』実践社、二〇〇六年
西部忠「統合型コミュニケーション・メディアとしての地域通貨と進化主義的制度設計」『経済社会学会年報　二八』経済社会学会、二〇〇六年
西部忠「市場の内部化と知識経済化」小幡道昭、青才高志、清水敦編『マルクス理論研究』御茶の水書房、二〇〇七年
西部忠・吉田雅明他編著『進化経済学・基礎』日本経済評論社、二〇一〇年
橋本努『自由の論法』創文社、一九九四年
正村俊之『コミュニケーション・メディア』世界思想社、二〇〇一年
村岡到編『原典・社会主義経済計算論争――カオスとロゴス別冊No.1』ロゴス社、一九九六年

吉地望・西部忠「分散的発行通貨と集中的発行通貨の特性比較——LETSを使ったランダム・ネットワーク・シミュレーションによる」『経済学研究　第五七巻第二号』北海道大学、二〇〇七年

渡辺幹雄『ハイエクと現代自由主義』春秋社、一九九六年

Arrow, K.J., Hahn, F. H., *General Competitive Analysis*, Holden-Day Inc, 1971（アロー＝ハーン『一般均衡分析』福岡正夫・川又邦雄訳、岩波書店、一九七六年）

Becker, G. S., *Human Capital*, Columbia, University Press, 1964（ゲーリー・ベッカー『人的資本』佐野陽子訳、東洋経済新報社、一九七六年）

Berlin, I, "Two Concepts of Liberty," *Four Essays on Liberty*, Oxford University Press, 1969（アイザイア・バーリン「二つの自由概念」『自由論』生松敬三訳、みすず書房、一九七一年）

BIS, *Triennial Central Bank Survey of Foreign Exchange and Derivatives Market Activity in 2007*

Caldwell, B., "Hayek's Transformation," *History of Political Economy* 20(4), 1988

Dawkins, R., *The Selfish Gene*, Oxford University Press, 1976（リチャード・ドーキンス『利己的遺伝子』日高敏隆他訳、紀伊國屋書店、一九九一年）

Fleetwood, S., *Hayek's Political Economy*, Routledge, 1995（スティーヴ・フリートウッド『ハイエクのポリティカル・エコノミー』佐々木憲介・西部忠・原伸子訳、法政大学出版局、二〇〇六年）

Florida, R., *The Rise of the Creative Class*, Basic Books, 2002（リチャード・フロリダ『クリエイティブ資本論——新たな経済階級の台頭』井口典夫訳、ダイヤモンド社、二〇〇八年）

Fukuyama, F., *The End of History and the Last Man*, Free Press, 1992

Hayek, F. A., (ed.), *Collectivist Economic Planning*, George Routledge & Sons, 1935（F・A・ハイエク『集産主義計画経済の理論』迫間真次郎訳、実業之日本社、一九五〇年）

Hayek, F. A., *The Road to Serfdom*, Routledge, 1944（F・A・ハイエク『隷従への道——全体主義と自由』一谷藤一郎・一谷映理子訳、東京創元社、一九九二年）

Hayek, F. A., *Individualism and Economic Order*, Routledge & Kegan Paul, 1948（F・A・ハイエク『個人主義と経済秩序』嘉治元郎・嘉治佐代訳、ハイエク全集三、春秋社、一九九〇年）

Hayek, F. A., *Denationalization of Money: The Argument Refined*, Institute of Economic Affairs, 1976（F・A・ハイエク『貨幣発行自由化論』川口慎二訳、東洋経済新報社、一九八八年）
Hayek, F. A., *New Studies in Philosophy, Politics, Economics and History of Ideas*, University of Chicago Press, 1978
Illich, I., *Shadow Work*, Marion Boyars Publishers , 1981（イヴァン・イリイチ『シャドウ・ワーク――生活のあり方を問う』玉野井芳郎・栗原彬訳、岩波現代選書、一九八二年）
IMF, *International Financial Statistics*, April, 2010
Iwai, K., "The bootstrap Theory of Money: A Search-theoretic Foundation of Monetary Economics," *Structural Change and Economic Dynamics* 7, 1996
Keynes, J. M., *The General Theory of Employment, Interest and Money*, London: Macmillan, 1936
Kirzner, I., *Discovery and the Capitalist Process*, The University of Chicago Press, 1985
Kirzner, I., *Discovery, Capitalism and Distributive* Justice, Basil Blackwell, 1989
Kirzner, I., *The Meaning of Market Process*, Routledge, 1992
Kornai, J., *Anti-Equilibrium*, North-Holland Publishing Company, 1971（J・コルナイ『反均衡の経済学』岩城博司・岩城淳子訳、日本経済新聞社、一九八〇年）
Kornai, J., *Economics of Shortage*, North-Holland Publishing Company, 1980
Kresge, S., Wenar, L., (eds.), *Hayek on Hayek, an Autobiographical Dialogue*, The Bartley Institute, 1994（スティーヴン・クレスゲ、ライフ・ウェーナー編『ハイエク、ハイエクを語る』嶋津格訳、名古屋大学出版会、二〇〇〇年）
Lange, O., "The computer and the market," in Feinstein, C., editor, *Socialism, capitalism and economic growth: essays presented to Maurice Dobb*, Cambridge University Press, 1967
Lavoie, D., *Rivalry and Central Planning: The Socialist Calculation Debate Reconsidered*, Cambridge University Press, 1985（ドン・ラヴォア『社会主義経済計算論争再考――対抗と集権的計画編成』吉田靖彦訳、青山社、一九九九年）
Lippincot, B. E., (ed.), *On the Economic Theory of Socialism*, Minnesota University Press, 1938（ランゲ＝テーラー著

『計画経済理論――社会主義の経済学説』土屋清訳、社会思想研究会出版部、一九五一年）
Luhmann, N., *Soziale Systeme: Grundriß einer allgemeinen Theorie* , Suhrkamp Verlag, 1984（ニコラス・ルーマン『社会システムの理論　上・下』佐藤勉監訳、恒星社厚生閣、一九九三年）
Luhmann, N., *Die Wirtschaft der Gesellschaft*., Suhrkamp Verlag, 1988（ニコラス・ルーマン『社会の経済』春日淳一訳、文眞堂、一九九一年）
Marx, K., *Zur Kritik der Politischen Ökonomie*, 1934（カール・マルクス『経済学批判』武田隆夫、遠藤湘吉、大内力訳、岩波文庫、一九五六年）
Marx, K., *Das Kapital*, Bd. I, II, III: *Marx-Engels Werke*, Bd.23, Dietz Verlarg, 1962（カール・マルクス『資本論　一－九』岡崎次郎訳、大月書店、一九七二－一九七五年）
Neumann, J. von., “A Model of General Economic Equilibrium,” *Review of Economic Studies*, Vol.13, 1945
OECD, *The Knowledge-Based Economy*, General Distribution [96], 1996
Polanyi, K., *The Great Transformation*, Beacon Press, 1944（カール・ポランニー『大転換』吉沢英成他訳、東洋経済新報社、一九七五年）
Polanyi, K., “The Economy as Instituted Process,” in Polanyi et al. (ed.), *Trade and Market in the Early Empires*, The Free Press, 1957（カール・ポランニー「制度化された過程としての経済」『経済の文明史』玉野井芳郎・平野健一郎編訳、日本経済新聞社、一九七五年）
Polanyi, M., *The Tacit Dimension*, Routledge & Kegan Paul, 1996（マイケル・ポランニー『暗黙知の次元――言語から非言語へ』佐藤敬三訳、紀伊国屋書店、一九八〇年）
Ricardo, D., *On the Principles of Political Economy, and Taxation*, ed. P. Sraffa, Cambridge University Press, 1951（デイヴィド・リカードウ『経済学および課税の原理』堀経夫訳、雄松堂書店、一九七二年）
Roemer, J. E., *A Future for Socialism*, Harvard University Press, 1994（J・E・ローマー『これからの社会主義』伊藤誠訳、青木書店、一九九七年）
Ryle, G., “Knowing How and Knowing That,” *Proceedings of the Aristotelian Society*, 1945
Schumpeter, J. A., *Theorie der wirtschaftlichen Entwicklung*, Duncker & Humblot, 1912（シュムペーター『経済発展

の理論　上・下』塩野谷祐一・中山伊知郎・東畑精一訳、岩波文庫、一九七七年）

Schumpeter, J. A., *History of Economic Analysis*, Oxford University Press, 1954（J・A・シュンペーター『経済分析の歴史　上』東畑精一・福岡正夫訳、岩波書店、二〇〇五年）

Sraffa, P., *Production of Commodities by means of Commodities*, Cambridge University Press, 1960（ピエロ・スラッファ『商品による商品の生産』菱山泉・山下博訳、有斐閣、一九六二年）

おわりに

これを書いている今、わたしはペットボトルのお茶や水をしきりに飲んでいる。一体いつ頃からペットボトルでお茶や水を飲むようになったのか。小学生の頃、オレンジや紫に着色された瓶入りの炭酸飲料水を学校帰りの駄菓子屋の店先で飲んだし、高校生の頃は国鉄のプラットフォームの売店でよく缶コーヒーを飲んだ。しかし、ペットボトルでお茶や水を飲んだ記憶はない。どうもはっきりしないが、それらを商品として購入し始めたのは、おそらくわたしが大学生の頃、つまり、一九八〇年代だと思う。下宿で友人らと飲み明かしたとき、ビールや酒の瓶とともにコンビニで買った水やお茶の一リットルのペットボトルが転がっていた記憶がある。

五〇〇ミリリットルのペットボトルの水がコンビニの冷蔵ショーケースの中にずらっと並んでいる光景にふと違和感を覚えたことがあった。はじめは一〇〇円という価格が高すぎると思ったのだが、すぐにわたしたちの生命活動に不可欠な水すら商品として売られており、それを当たり前のようにお金を出して買っている自分に気づかされた。日本では軟水が水道水で飲めるのにもかかわらず、水が商品として売られ、自分も含め、それを買う消費者がいるからこそ、そうした商売が成り立っている。水の価格が高いということよりも、生命の根幹を商売にしてしまうことに反発を感じたことも事実である。しかし、そんなこともすぐに忘れてしまい、いつしか便利なペットボトルの水をコンビニで買い、持ち歩くようになった。

いまや水だけではない。わたしたちが呼吸しながら常に吐き出している二酸化炭素を排出する権利すら商品として取引され、自治体が運営する公園や施設の命名権が売られて民間企業を冠した名前で呼ぶことを余儀なくされ、わたしたちの個人情報が知らないうちに大量に売買されている。他方、自らの労働力を売ることができない大量の失業者の中には自殺や餓死にまで追い込まれる人々が出てきている。母親の愛情を受けられない幼児は虐待のあげくに放棄されて死に至る。こうした事柄はすべて、グローバリゼーションとともに押し寄せる商品化の波がわたしたちの生命や生活の内奥にまで迫ることで生じていると考えることができるならば、そこにある種のおぞましさを感じずにはいられない。

グローバリゼーションとは決して何か新しい事象というわけではなく、古くから資本主義経済が示してきた「市場の内部化」という傾向が見えやすい形で現れたものにすぎない。これが本書の第一の主張である。「資本の世界化」というのもこれに近い一つの傾向ではある。だが、それはどちらかといえば市場の外延的拡大というような、市場領域が横に広がっていくというイメージを喚起している。これに対して、市場の内部化は、市場がわたしたちの身体や精神の内部に浸透してくる市場の内包的深化という傾向を指し示すものである。わたしたちの生活、生命、そして自然を含む世界のすべてが利潤原理によって処理されるということを、単に市場の領域が広がるだけではなく、市場のあり方が深まることだととらえて初めて、時に感じるおぞましさを言い表すことができるはずだ。

グローバリゼーションが資本主義に内在する傾向である「市場の内部化」の表れであるとして、では、資本主義とは何か。それは資本主義市場経済と呼ぶべきものであって、市場経済に属する特殊な型の市場経済である。資本主義経済を、労働力商品化を軸にして成立する市場経済であると規定すること自体は特に目新しくはないだろう。本書はそれに加えて、外部商品化、内部商品化、一般商品化というパターンをたどる「市場の内部化」が労働力商品化についても進行しつつあることに着目し、資本主義の進化を説明しようとした。資本主義経済の形を目に見えないパターンとしてとらえるとともに、市場化のパターンから資本主義経済の形をとらえようとしたものである。こうした形を作っているパターンをとらえるには、そのパターンを作っているルールに着目せざるをえなかった。そう見ていくと、貨幣も市場もありとあらゆる制度が実はルールからできていることに気づく。このように、本書は、グローバリゼーションという傾向として現れる資本主義の進化を、労働力の商品化に関する三つのパターンを形成するルールの変遷としてとらえようとする。ルールは資本主義経済の複製子（遺伝子）であり、資本主義のあり方を決定づける。

おそらく、このような資本主義の説明の仕方は新しいものであり、論争的な問題提起を含むであろう。わたし自身はこのような考え方に一五年ほど前にたどり着き、それをモデル化して書いた学術論文（西部、一九九七）を発表した。それに対する反響は一部にあったがそれほどでもなく、自分の中でもこの議論にまだ半信半疑の部分もあって、それを一般に広く公表しようという気持ちにはならなかった。わたしがその後、地域通貨（本書では「コミュニティ通貨」）に理論的な関心を抱き、その実践にも関わるきっかけとなったのは、明らかにこうした問題意識と考察結果をすでに得ていたからであった。したがって、わたし自身はこうした理論的考察に基づいて地域通貨の可能性がどこにあるのかについてはかなり明確に認識していたつもりである。けれども、わたしが書いた地域通貨の論文や著書でもこのことについて十分な説明を行っていないので、なぜ地域通貨のようなものに可能性を見いだすのかという疑問を生じさせることもあったのではないかと思う。自分としてもこのギャップを埋める必要性を常に感じつつ、それをなかなか果たせないままになってしまい、結果としてこの問題に関する論考を「鼠による批判」（マルクス）に任せるままになっていた。その後を見る限り、労働力についての商品化の進展の傾向は弱まるどころか、ますますはっきりとした形で現れてきているようでもあり、このことを世に問う意味もあるのではないかと考えるとともに、先ほど述べたギャップを何とか埋めたいとも思った。

市場経済とは、コミュニティ（互酬）や国家（再分配）とは別の市場（交換）という経済調整方法が支配的な経済社会である。そして、市場とは、新古典派の貨幣なき集中的市場という見方とは大きく異なり、貨幣を媒体とする商品交換、すなわち、売買という取引の連鎖として形成される分散的ネットワークである。こうして、グローバリゼーションとは何か、資本主義とは何かという問題を突き詰めていくと、最後に資本とは何か、貨幣とは何かという根源的な問いへたどり着くことになる。

貨幣とは、多くの人々と物品が存在する経済において交換を広範に行うことを可能にするために自己組織的に創発してきた「可能性」の形式である。それは、日本銀行券や預金通貨のような「外なる制度」と、人々がそれを価値あるものと考え、商品の対価として常に受領し、その取得や増殖を追求する動機や価値といった「内なる制度」の双方が車の両輪のように相互に支え合うことで成立している。一般に、貨幣は物々交換の困難を解決し、価値尺度、交換手段、保蔵手段という機能を持つ装置や道具であると説明される。しかし、貨幣はこうした機能を果たしてくれる「可能性」を提供するメディアではあるが、常にこうした機能を「現実に」果たしてくれるシステムではない。

確かに、貨幣は、経済のマクロ的状況がうまくいっており、それに規定される人間の心理や動機が順調である限りでは、円滑な交換を可能にすることによって、分業を進め、技術革新を推進するエンジンになる。だが、そうした外的状況やそれに対応する人々の内的状況が変われば、全く違う振る舞いを見せる。こうした条件が悪化すれば、貨幣は、恐慌や不況、ハイパーインフレーションという厄災を引き起こす源にもなるのである。このように、貨幣は、市場の営みを助けるだけでなく、時にそれを阻害する逆機能を発揮してしまう。つまり、貨幣はいろいろな形式を可能にするための柔軟でしなやかなメディアであり、善悪両面を持つ諸刃の剣としての可能性の束なのである。この両面をうまく調整し、コントロールできるのであれば問題ないのだが、グローバリゼーションとともに一国単位の金融政策や財政政策は有効性を失いつつある。日本がおかれている困難はここにあるように見える。

このように、貨幣とは、ただわたしたちの外にある制度というわけではない。第三章の貨幣の生成論でも見たように、それは、わたしたちがその内部に自分の欲望とは別の他人の欲望を自らに組み入れることにより、消費に対する欲望と並んで交換に対する欲望が生まれることを必要な条件としている。その意味で、貨幣はわたしたちの内なる制度によって支えられている。そして、わたしたちに必要なのは、貨幣というものが、外なる制度であると同時に内なる制度であることをはっきりと認識し、その自覚の上に立って貨幣の行く末をわたしたち自身の問題としてとらえ返すということである。実際、貨幣という外なる制度は、この内なる制度が同時に変わらなくては変わらないものなのだ。

このことは、グローバリゼーションにしても同じである。わたしたちは、それが自分たちの外で生じている客観的な変化の傾向であるととらえ、それを人ごとのように語りさえしている。確かに、グローバリゼーションはわたしたちの外で起こっている現象に違いない。ペットボトルの水は商品化されて、コンビニのショーケースに値札を付けられ陳列されている。しかし、それと同時に、グローバリゼーションとは、わたしたち自身の内部における、無意識のレベルにおける価値や規範、思考習慣の変容を伴ってもいる。それはあたかも、わたしがペットボトルの水に小さな違和感を感じつつも、やがてそのことを忘れて、日々、貨幣でペットボトルの水という商品を買い続けたように。こうした意識の変容と無意識への沈潜について十分自覚的になることは難しいことである。

それだけではない。わたしたちはあたかも資本家のように費用を節約し、より新しい技術や商品、有望な収益機会に投資して利潤を上げるように考え、判断し、行動することを強いられるようになっているのではないか。人々は、日々、先物やFXに投資し、自らの人的資本に投資する。それは必ずしも自ら望んだものではない。どこか外部から強いられた強迫観念のようなものである。わたしたちの意識はそれによって操作されているとも言える。それこそ、まさに内なる制度でないだろうか。わたしたちは感情に左右されやすく、合理性に限界を抱えた存在である。にもかかわらず、グローバリゼーションの中で資本のようにできるだけ合理的に計算し予測し判断することを強いられているのではないだろうか。利潤を上げよ、蓄積せよ、わたしたちの内部のルールを資本のルールに置き換えろ、資本形式のプログラムに従えと迫ってくるものではないか。

本書のタイトルである『資本主義はどこへ向かうのか』は、資本主義という外なる制度の行く末を運命として予測するような外在的な問いかけではない。それは、わたしたち自身が自らの内なる制度としても組み込まれている資本主義というプログラムをどこへ向かわせたいのか、どこへ向かわせうるのかという、未来における希望と可能性に関する内在的な問いかけなのである。

二〇世紀は、資本主義に対して国家が対抗し、資本主義を国家が中央から管理するか（総需要管理型福祉国家経済）、中央計画に置き換えるか（社会主義計画経済）という道が模索され、一九七〇年代以降はその反動として、資本主義を自由な競争市場に委ねるべきだとする新自由主義（市場主義）が生じた。グローバリゼーションとして観察している傾向はこの中で生じてきたものである。二一世紀は、自由投資主義がどこまで資本が人間と自然を取り込めるのかを徹底して追求するとともに、その問題が明確に浮き彫りになる時代になるのではないか。そうした傾向を押しとどめる能力を持つものはもはや国民国家ではなく、一方の国家連合か世界政府、他方の多層的で多元的なコミュニティかのいずれか、またはその両方になるだろう。わたしが希望を見ようとしているのは後者の方である。

では、わたしの立場はコミュニティに基盤をおくコミュニタリアニズム（共同体主義）であろうか。コミュニタリアン（共同体主義者）は、合理的で個人主義的な個人を「負荷なき自己」ととらえ、その非現実性を指摘する。たとえば、マイケル・サンデルは、従来のコミュニタリアンのようにただ単一の国家やコミュニティの文化・伝統によって「状況づけられた自己」を述べるだけではなく、コミュニティが多元的かつ多層的に重複し合った社会における、多様なレベルの自己を考え、その総合として「多元的に状況づけられた自己」のあり方を積極的に説いている。「多層多元的な自己」の相克の調整を重要視するという点では、わたしの問題意識と非常に近い。

ただし、サンデルが市場を絶対とするリバタリアンに対しては批判的ではあるにせよ、グローバリゼーションという傾向性や資本主義市場経済をどう認識し、その上で貨幣という問題にどう着目するのか、また、貨幣という一次元的メディアにより条件づけられた「一次元的な自己」が拡大・深化していることをどの程度認識しているのかはわからない。わたしたちはサンデルの説く政治哲学上の問題設定という枠を超えて、こうした経済社会における現実の問題にもっと目を向けなければならないと考える。特にコミュニティ通貨を問題にするのは、コミュニティそのものに価値をおくからではない。目指すべきは市場なきコミュニティではなく、コミュニティに媒介された市場であり、非資本主義的市場経済である。そこには、リベラリズムの要素もコミュニタリアニズムの要素もあるが、キャピタリズムやソーシャリズムの要素も多かれ少なかれ見いだしうるであろう。そうした制度的多様性を重視したいと考えている。

本書では、ハイエクの見解に基づいて市場経済の利点を理解しながらも、そこからさらに貨幣や資本、資本主義やグローバリゼーションという市場経済の欠点を含めた問題を考える上ではマルクスの考えこそ参照しなければならないと考えた。こうした理論的な考察において、彼らが自由主義者であるか、共産主義者であるかは問題とはならない。わたし自身は今のところ、自分をどう規定するかに関心がない。むしろ、資本主義とグローバリゼーションの問題を考えるためには、貨幣というメディアのあり方に関心を寄せることがとりわけ重要であり、必要であるということを喚起したいと考えているだけである。国家通貨とりわけアメリカドルという基軸通貨を基盤とするグローバリゼーションはあまりに単調で多様性に乏しいものであり、わたしたちを幸せにしてくれるものとも思えないからだ。

市場のあり方もネットを通じた非対面型な経済関係が強まっているが、対面型も含めた、より多元的で濃密な社会・文化関係を取り戻すべきである。ただし、それは無媒介な関係ではなく、やはりコミュニケーション・メディアとしての貨幣や言語を通じてでしかないのではないか。そうしたコミュニケーション・メディアの可能性の限界にこそ言語と貨幣を統合するものとしてのコミュニティ通貨のあり方が問われていると考えている。

この本は、参考文献に挙げたわたしの諸論考に必要な修正や補足を行い、全体として一つの論考になるよう再構成したものである。本書を出版できたのは、ひとえにＮＨＫ出版の伊藤周一朗氏の強い慫慂と多大なご協力によるものである。この場を借りて謝意を表明したい。最後になるが、この間忍耐強くシャドウ・ワークで支えてくれた妻・知香と娘・結に本書を捧げることとしたい。

二〇一一年二月

西部　忠

西部　忠──にしべ・まこと

●1962年、愛知県生まれ。1986年、東京大学経済学部卒業、1989年、カナダ・ヨーク大学大学院経済学研究科修士課程修了。1993年、東京大学大学院経済学研究科博士課程修了。北海道大学経済学部助教授、イタリア・シエナ大学客員研究員、イギリス・ケンブリッジ大学客員研究員等を経て、現在、北海道大学大学院経済学研究科・経済学部教授。進化経済学会常任理事。専門は、進化経済学、地域通貨。

●著書『市場像の系譜学──「経済計算論争」をめぐるヴィジョン』（東洋経済新報社、1996年）、『地域通貨を知ろう』（岩波書店、2002年）、『進化経済学のフロンティア』（編著、日本評論社、2004年）、『進化経済学 基礎』（共編、日本経済評論社、2010年）他多数。

NHKブックス［1173］

資本主義はどこへ向かうのか　内部化する市場と自由投資主義

2011（平成23）年2月25日　第1刷発行

著　者　西部　忠

発行者　遠藤絢一

発行所　NHK出版

東京都渋谷区宇田川町41-1　郵便番号150-8081

電話　03-3780-3317（編集）0570-000-321（販売）

ホームページ　http://www.nhk-book.co.jp

携帯電話サイト　http://www.nhk-book-k.jp

振替　00110-1-49701

［印刷］太平印刷社　［製本］田中製本　［装幀］倉田明典

落丁本・乱丁本はお取り替えいたします。

定価はカバーに表示してあります。

ISBN978-4-14-091173-0 C1333

NHKブックス 時代の半歩先を読む

*政治・法律・経済

日本外交の軌跡　細谷千博
現代民主主義の病理―戦後日本をどう見るか―　佐伯啓思
京都型ビジネス―独創と継続の経営術―　村山裕三
イスラーム戦争の時代―暴力の連鎖をどう解くか―　内藤正典
ネパール王制解体―国王と民衆の確執が生んだマオイスト―　小倉清子
自治体破産［増補改訂版］―再生の鍵は何か―　白川一郎
外交と国益―包括的安全保障とは何か―　大江　博
国家論―日本社会をどう強化するか―　佐藤　優
長期不況論―信頼の崩壊から再生へ―　松原隆一郎
分断される経済―バブルと不況が共存する時代―　松原隆一郎
マルチチュード―〈帝国〉時代の戦争と民主主義―(上)(下)　アントニオ・ネグリ／マイケル・ハート
未来派左翼―グローバル民主主義の可能性をさぐる―(上)(下)　アントニオ・ネグリ
企業倫理をどう問うか―グローバル化時代のCSR―　梅田　徹
考える技術としての統計学―生活・ビジネス・投資に生かす―　飯田泰之
生きるための経済学―〈選択の自由〉からの脱却―　安冨　歩
現代帝国論―人類史の中のグローバリゼーション―　山下範久
恐慌論入門―金融崩壊の深層を読みとく―　相沢幸悦
ODAの現場で考えたこと―日本外交の現在と未来―　草野　厚
現代ロシアを見る眼―「プーチンの十年」の衝撃―　木村　汎／袴田茂樹／山内聡彦
中東危機のなかの日本外交―暴走するアメリカとイランの狭間で―　宮田　律

*教育・心理・福祉

子どもの世界をどうみるか―行為とその意味―　津守　真
不登校という生き方―教育の多様化と子どもの権利―　奥地圭子
「学力低下」をどうみるか　尾木直樹
子どもの絵は何を語るか―発達科学の視点から―　東山　明／東山直美
身体感覚を取り戻す―腰・ハラ文化の再生―　斎藤　孝
子どもに伝えたい〈三つの力〉―生きる力を鍛える―　斎藤　孝
生き方のスタイルを磨く―スタイル間コミュニケーション論―　斎藤　孝
〈育てられる者〉から〈育てる者〉へ―関係発達の視点から―　鯨岡　峻
愛撫・人の心に触れる力　山口　創
〈子別れ〉としての子育て　根ヶ山光一
現代大学生論―ユニバーシティ・ブルーの風に揺れる―　溝上慎一
フロイト―その自我の軌跡―　小此木啓吾
色と形の深層心理　岩井　寛
エコロジカル・マインド―知性と環境をつなぐ心理学―　三嶋博之
孤独であるためのレッスン　諸富祥彦
内臓が生みだす心　西原克成
人間の本性を考える―心は「空白の石版」か―(上)(中)(下)　スティーブン・ピンカー
17歳のこころ―その闇と病理―　片田珠美
人と人との快適距離―パーソナル・スペースとは何か―　渋谷昌三
母は娘の人生を支配する―なぜ「母殺し」は難しいのか―　斎藤　環
福祉の思想　糸賀一雄
介護をこえて―高齢者の暮らしを支えるために―　浜田きよ子
アドラー　人生を生き抜く心理学　岸見一郎

※在庫品切れの際はご容赦下さい。